サッカーの原則

FootBall PRINCIPLES

躍動するチームは論理的に作られる

岩政大樹・著

RONOUS BOOKS

はじめに

日本は進歩しているのだろうと思います。

こと、サッカーを見てもそれは明らかです。例えば、東京五輪代表は、開催国であることやコロナ禍の影響で多くの大会がずれ込んだことなどを差し引いても、大きな躍進を見せてくれました。

なぜ日本サッカーは進歩できたのか。

そのひとつの理由には、間違いなく「海外」を経験した選手が増えたことが挙げられます。レベルの高い国でプレーをしている、という環境的な要因はもちろん、そこで個々の選手たちが「正解のないサッカー」をプレーし、考え、学び続けたことでもたらされたものはとても大きいだろうと推測されます。

では、「海外」にあって「日本」に足りないものとはなんでしょうか。

フィジカルでしょうか。能力？　それとも……指導者でしょうか。育成かもしれません。あるいはそのすべてなのか。

日本にいると、どれも大きな差があるように感じてしまいます。実際、海外でプレーする日本人選手に逞しさを感じることは多々あります。彼らは、何を感じ、学んだことで日本にいたときより成長できたのでしょうか。

特にヨーロッパサッカーはいまや世界サッカーの中心であり、トレンドの発祥地です。決してそれがすべてとは思いませんが、それでも考え抜かれた戦術やチームマネジメントを肌で知ることができる。わたしはそれを経験したことがないですから、うらやましいと思うこともあります。ただそれは、プレーをしたかった、ということではありません。最先端のサッカーにおけるベースの部分、揺るがないもの、それを確かめたかった、という気持ちに近い。きっとそれこそが、「海外」にあって「日本」に足りないものなのだろう、と思うからです。

海外での経験、フィジカルや技術の向上はとても大事です。ただし、それだけで日本サッカーを成長させるほど素晴らしい選手たちは生まれてきません。向き合うべきは、サッカーにおけるそのベースの部分であるはずです。

確かに日本サッカーのレベルは上がりました。それは日本サッカー界全体の努力のたまものです。そこから生まれた選手が「海外」でプレーをし、得たものがさらに大きな成長の糧となっています。しかし、同じ速度で、いやもっと速く世界のサッカーも成長しています。

「海外」にあって「日本」に足りないものを、知らないではいられない。

むしろそこの部分さえ、しっかりと語り合い、議論をし、整理することができればもっともっと素晴らしいサッカーを見せることができるのではないでしょうか。

本書では、こうした問題意識をもとに、「いま、日本サッカーに必要なもの」「世界にあって日本に足りないもの」へのわたしなりの考えを提示したいと思います。


さて、この本ではさまざまな選手、指導者との対談やLive配信の内容を引用しています。それらはわたしが2018年12月から始めた『PITCH LEVELラボ』で実施したもののごく一部です。

理解の一助となっていることを祈りつつ、かかわってくださった選手や指導者、会員のみなさんに感謝を申し上げます。

2021年8月吉日　岩政大樹

はじめに 001

目次

第1部 日本サッカーに足りないもの 012

第1章 日本サッカーと世界の「差」
〜「ロストフの14秒」で見逃され続けた視点〜

1-1 ロストフの14秒で「見逃された」視点 018

1-2 原則―判断・能力―現象 021

1-3 「原則」の話が足りない 025

LIVE-1 「本田圭佑のコーナーキック」という議論

1-4 「原則」があれば改善点がクリアになる 033

原則1 「数的不利の状況で3人で守るとき、『ペナルティエリアから5〜10メートル手前』に下がり、真ん中の選手がボールを取りに出る」原則

1-5 「原則」を押さえた長友佑都の判断 039
原則2 「斜めに走ってくる選手に対しては、その選手の後ろの選手が付いていく」原則
1-6 なぜ、走っても追いつかなかったのか？ 045
1-7 ロストフの14秒は防げたのか 051
1-8 「サッカーの原則」とプレーモデル 054
LIVE-2 ロストフの14秒への疑問

第2章 原則は何を変えてくれるのか？ 〜世界から見た日本サッカー〜

2-1 自分で判断し、結果に責任を持つ 064
2-2 いい指導・批評には「選手の頭の中」がある 068
2-3 スペインの小学生がやっていること 071

対談 ×坪井健太郎「日本サッカー界の課題」 075
チャンスは偶然だったのか？
「10～15分」で一度目の見極めが必要
「二対二」は7歳で学ぶもの
個人戦術3つのポイント
立ち返る場所はあるのか
求められる「指導者」の質

2-4 「原則」を分解する 093
2-5 「原則」はどうやって使うのか 098
2-6 「原則」への疑問 100

第3章 サッカーの原則 ～「こうなれば、こうなる」とその先～

3-1 ピッチにおいての「こうなれば、こうなる」 112

原則3「ボールを受けるときに、正面からアプローチを受けない」原則
原則4「『攻』から『守』を早くするためには、『相手の横にいない』」原則
原則5「相手の攻撃がいいと、横幅68メートルを4人では守れない」原則
原則6「低い位置の守備は、ディフェンスラインの5人目が誰かを決めておいたほうがいい」原則
原則7「高い位置の守備は、ボランチに誰がいくか決めておいたほうがいい」原則
原則8「ボールに近い選手はボールに真っすぐ向かわず、角度をつけること。そのとき、ボール保持者がフリーなら、マーカーの横より前に立つこと」原則
原則9「近くと遠くに選択肢を持つ」原則
対談 ×大島僚太「選択肢を増やす立ち位置とは」 149
3-2 サッカーは連続するもの 154
対談 ×遠藤航「前からプレッシャーにいくときの決め事」 158
×鎌田大地「立ち位置を見つける」 164

第2部 チームビルディングと言語化 170

第4章 現場にどう落とし込むか？ ～言語化は必要なのか～

4-1 現場における指導者が提示すべきもの 176
準備期間1日の「対バルセロナ」
「ねー、ガンちゃん？」
子どもたちの「対バルセロナ」

4-2 わたしは「言ってない」 184

4-3 ポステコグルーとロティーナのチームビルディング 189

4-4 名将はどのくらい言語化しているのか 193

鼎談 ×羽生直剛・阿部勇樹「オシムサッカーを言語化する」 195
「せざるを得ない」練習のオーガナイズ
はっきり言われていたのは「責任」
練習に「ボードはない」

4-5 リーダーが示すべきものとは …… 204

第5章 選手は言葉でプレーしない ～どうすれば「伝わる」のか～

5-1 天才的なプレイヤーの頭の中 …… 212
鼎談 ×本山雅志・野沢拓也「天才を言語化する」 …… 212
位置取りがピカイチだった野沢
ポジションがぐちゃぐちゃでも成立していた理由
サイドハーフの守備論
下りなくなった理由
5-2 言語化されるほど「気持ち悪い」選手 …… 226
5-3 「偽サイドバック」の勘違い …… 229
5-4 「5レーン」と「ハーフスペース」 …… 234
LIVE-3 結局、ハーフスペースとはなんなのか

5-5 必要な言葉を見極める 249

第6章 コンセプトワード ～躍動するサッカーの論理的な作り方～

6-1 それで、結局どうする？ 256
6-2 判断は選手の特権である 260
6-3 内田篤人の頭の回し方 267
対談 ×内田篤人「サイドバックを言語化する」 268
6-4 コンセプトワードを組み合わせる 278
対談 ×柴崎岳「ゲームメイカーを言語化する」 279
6-5 サッカーにおける「言葉」と「監督」 285

おわりに 290

本書の読み方

- 図表凡例

　味方（▽は顔の向き。GKはゴールキーパー）

　相手（▼は顔の向き。GKはゴールキーパー）

　選手の動きとその順番

　ドリブル

　ボールの動きとその順番

- 一部敬称を略しています。
- データや所属はすべて2021年8月1日現在のものです。
- 以下のコンテンツは動画でもご覧いただけます。

　「サッカーの原則解説１～９」

　ＱＲコードからアクセスしていただいたのち、ＱＲコード横のパスワードをご入力ください（無料）。

　「対談フルバージョン」 2018年12月～2021年7月までの「PITCH LEVELラボ」会員の方は、これまでどおり「イズメディア・モール」よりご購入済みのコンテンツがご覧いただけます。それ以外の方は、QRコードからアクセスいただいたのち、会員登録とご購入が必要です。

- 「PITCH LEVELラボ」とは

岩政大樹と「ピッチレベル」のサッカーについて語り合い、学び合うコンテツ企画。live配信、NewsLetterそしてトップ選手や指導者と討論する『FootballDiscussion』などを配信。

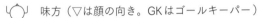

第1部　日本サッカーに足りないもの

中途半端＜徹底＜バリエーション

徹底すること、徹底してやり切ることはどんな場所でも求められます。

サッカーも同じで、チームとしてやるべきことを決めて、それに対してどんな困難、状況があろうとやり切っていくことは、チームの「あるべき姿」として求められてきました。

かつてわたしが所属していたチームでも、サイドで起点を作ることを徹底していたときがありました。相手がどう来ようともサイドに入れる。実際、それをやり切る強さがありました。結果につながったこともありました。

きっとプロのサッカーチームでもこうした戦い方は多いと思います。

しかしです。このところその姿に対し、違和感を覚えるようになっています。誤解を恐れずに言えば、時代遅れではないか、とすら感じています。

例えば、相手のディフェンスラインにどんどん蹴り込んでいくことを徹底するチームが、セルヒオ・ラモスやバラン（世界トップクラスのセンターバックたち）がいるチームと対戦したらどうでしょう。速くて強いふたりは、自分たちのところに入れてくるとわかっているわけですから、簡単に対応できます。そして、クリアもせず、ボールをつないで一気にひっくり返されてしまう……。容易に想像できる結末です。

つまり、「徹底」というのは、フィジカルや技術といった能力の質的な優位性がどちらにあるかで勝敗が決まってしまいます。おまけに、単調であり躍動感がありません。

それでも「徹底」は簡単に否定もできません。

というのも、ある一定のレベルまではこの「徹底」のほうが優位であるからです。あれもこれもと「中途半端」に作られたチームに対しては徹底したチームのほうが強い。それが顕著なのは育成年代でしょう。

「さまざまな戦い方」を教えるより、ロングボールを蹴り込み続け、フィジカルに勝るフォワードが競り、チャンスを作り出す。それは強いはずです。何度も何度もそれをやり続けるのは、素晴らしいことではありますが、果たしてそれだけでいいのか？という疑問はいつもついて回ります。

特に育成年代においては、勝つことによってその選手、指導者たちの「やり方」が形成されていきます。「これが俺たちのやり方・戦い方」というやつです。

「中途半端」は「徹底」に分が悪い、むしろ押され続けている——そんな状態で日本のサッカーはどうなっていくのでしょうか。「徹底」する側の質的な優位性を追求するのでしょうか。果たしてそれは「対世界」に可能なのか。いや、そもそものサッカーは躍動して、プレーする人、見る人の心を動かすのか？

現代サッカーの成長スピードは加速度的に増しています。そんな中で、「時代遅れ」となってしまった「徹底性」は勝ち残っているのか。わたしは危機感を覚えます。

センターバックの背後にボールを蹴る。悪いことではありません。サッカーの戦術としてありえることです。重要なのは、蹴ったことでラモスは、バランはどう対応し、それに応じて周りの状況がどう変わり、選手たちはどう動くのか、ということを知ること。そしてそれに対して「わたしたち」はどうするかを、論理的に考えていくことです。

自分たちのところに蹴り続けてくるとわかっているラモスやバランは、その回数が増えるにつれ、先回りをしていくはずです。前に体を入れようとしたり、立ち位置を調整し、より優位に、攻撃に転じやすくなるアクションを起こすはずです。すると、先回りすることでもともといたスペースが空きます。そのスペースをカバーするために周りの選手が動きます。ズレて、ズレて、ズレていく。それは「わたしたち」にもフリーになる選択肢が増えた、ということです。

こう動いたらこう。

そっちに動いたらこう。

こうやってできてくるのが「バリエーション」です。「バリエーション」ができると、いつも相手の動きに対して、次の展開を設計できる。それができるチームのほうが強いはずです。相手の逆を常につけるわけですから。

つまり、「中途半端」は「徹底」に分が悪く、「徹底」は「バリエーション」に分が悪い――。

では、「中途半端」が「バリエーション」になるためにはどうするか。

「こうなったらこう」という戦術を、チームを、論理的に作り上げていく必要があります。

そのためにベースを作ることは不可欠です。

もしかすると日本は、世界サッカーのスピードにあわせて成長できたのかもしれません。それは「日本サッカー」でしょうか。それとも「日本人のサッカー選手」でしょうか。世界と渡り合える選手が増え、「個」はどんどん伸びています。果たして、日本が次に取るべきは「徹底」的なひとつのスタイルへの追及でしょうか。

わたしはそうは思いません。指導者が、日本サッカー界が「バリエーション」を持てるだけの「論理性」を身につけなければならないと思っています。

第1部で紹介するのは「論理的な作り方」を実現させるベースになります。

それは原則と呼ばれ、サッカーに限らず、誰もが立ち返る場所として持っておくべきものです。

第1部

PART.1

第1章

CHAPTER.1

日本サッカーと世界の「差」
～「ロストフの14秒」で見逃され続けた視点～

1-1
ロストフの14秒で「見逃された」視点

記憶にあるサッカーファンの方も多いでしょう。2018年に行なわれたロシアワールドカップ、準々決勝進出をかけた一戦で、日本代表は世界ランキング3位（当時）の強豪・ベルギー代表を相手に善戦しました。後半立て続けに2ゴールを決めた日本は73分までリードを続け、初のベスト8進出という歴史的な瞬間への期待値はかつてなく高まります。

しかし、その思いは一気に失意へと変わりました。

衝撃的だったのが、2対2に追いつかれたあとのアディショナルタイムです。ラスト1プレーと思われた、日本代表のコーナーキックで本田圭佑選手が蹴ったボールは、ベルギー代表のゴールキーパー・クルトゥワ選手にキャッチされます。

その後の一連の動きは、これまた覚えていらっしゃる方も多いのではないでしょうか。具体的には、図1のように展開され、失点。もうあと数秒我慢すれば延長戦に突入というところで敗退を喫したのでした。

14秒で歴史的な瞬間を逸したことから、その地名と合わせて「ロストフの14秒」と言われています。

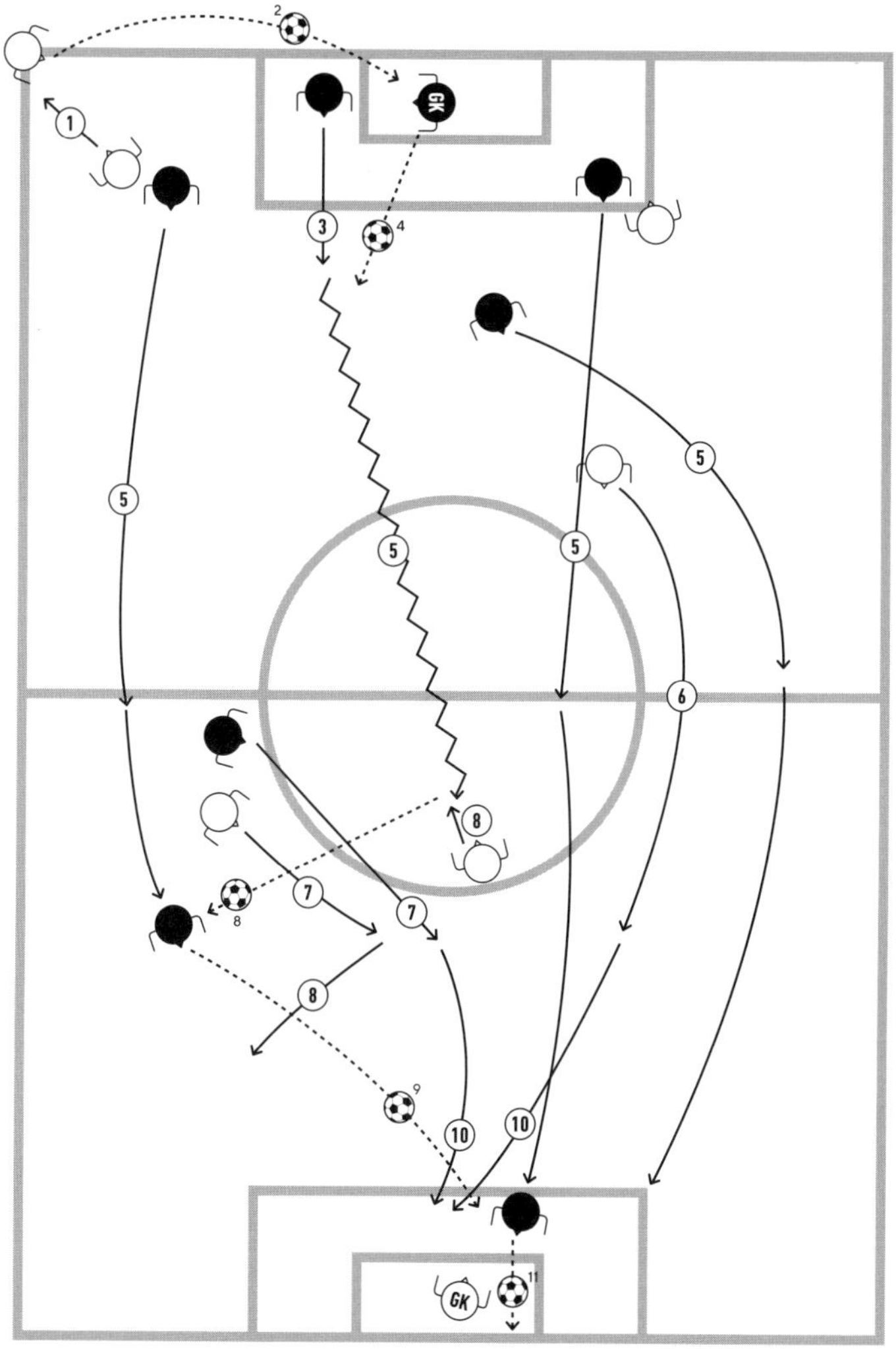

［図1］

人の動き　プレー順　ボールの動き　ドリブル

①　ショートコーナーのために香川が本田に寄っていく
②　本田がコーナーキックを中に蹴る
③　ストーンのデブライネは自分の頭を
ボールが越えた瞬間に走り出す
④　クルトゥワがボールをキャッチ、
走り出したデブライネにパス
⑤　デブライネがドリブルを開始する、
ベルギーは前方右にルカク、
デブライネと並行するように右にムニエ、
左にシャドゥリ、アザールが走る
⑥　山口、長友、長谷部が最終ラインとしてカウンター
に対応
⑦　ルカクがボールサイドに走り出し、
長友がついていく
⑧　山口がハーフウェイライン後方で
デブライネを待ち構え、寄せにいこうとするが、
デブライネは空いた右サイドへパス、長友が対応へ
⑨　フリーでボールを受けたムニエが
ワンタッチでグラウンダーのパスを送る
⑩　中央のルカクへ長谷部が寄せる、ルカクはスルー
⑪　後ろから入り込んだシャドゥリがシュート、
川島が手を伸ばすも届かずゴール

［図2］

史上初のベスト8進出を逃したこの「カウンター」については、サッカー界の中でもいろいろな意見が出ました。事実、この「ロストフの14秒」には、日本サッカーが世界で勝っていくために「語るべき視点」が詰まっていると思います。

図2は、その視点を整理するために14秒のシーンを順に並べたものになります。

みなさんは、どこをピックアップし、どういう分析をし、どんな解決策を提示するでしょうか。決して「正解」はありませんから、自由に想像してみてください。

本章ではまず、この点について考えてみたいと思います。

最初に、わたしの視点を紹介しておきます。このプレーに隠されていたのは、日本サッカーのこれからを作り上げていく中で、もっとも大事で、決定的に足りない視点です。

そしてそれは、「サッカーの原則の不在」に帰着する。——これが、わたしの考えです。

1－2 原則—判断・能力—現象

目の前に起きていることはつねに賛否の対象となります。例えば、仕事において成果を出した、もしくはミスをした、となれば、それは評価の対象になってきます。

サッカーにおいてそれは、(目の前に現れている)「プレー」になります。素晴らしいシュートを決めた。1対1で抜かれてゴールを決められた。見ている側はそこに対して、喜怒哀楽を表現するでしょう。

　つまり、多くの人は**目の前に起きていること＝「現象」**に対して自分の意見を表現します。

　では実際にプレーする選手はどうでしょう。

ピッチレベルにおける選手たちの頭は、どんなふうに回っているのか。意識的、無意識的にかかわらず、根本にあるのは「プレー原則」「約束事」「セオリー」「判断基準」です。この4つは、実際は選手やチームによって違うニュアンスで語られることがあるのですが、これは後述しますので、まずは同じものとして捉えてください。そして、本書ではできるだけ、チームによって変わらないものを取り上げていきます。よって、ここでは「サッカーの原則」で統一します。

　選手たちの思考の根本にあるのは、意識的か無意識的かの違いはあれど「サッカーの原則」だ、ということです。

　このサッカーの原則は、**「サッカーにおいて、こうなったら大体こうなるだろう」**という**「プレーをするうえで押さえるべきポイント」**になります。

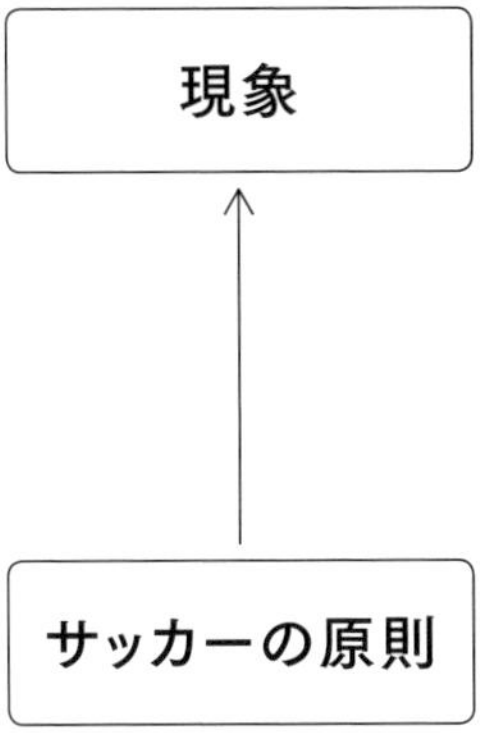

[図3]

冒頭に紹介した「現象」と「サッカーの原則」は、図3のような関係になります。

選手たちはサッカーの原則にもとづいてプレーをし、その結果として何らかの現象が現れる。

「何を当たり前なことを」と思われた方もいらっしゃると思います。当然ながら、現象はサッカーの原則のみから現れるわけではありません。選手たちは、このプレー原則をもとに、**「判断」**をしていきます。ひとつのシーンに対し、原則をもとにしながら、どんなプレーをするのか。これが判断です。

またもうひとつ、大事な要素として**「能力」**が関わってきます。プレーに必要な、技術とフィジカル。大きく分けてこのふたつが能力です。

サッカーの原則を含めたこの3つが、ピッチレベルにおける選手たちの頭の中です。

先ほどの図3に「判断」と「能力」を加えると

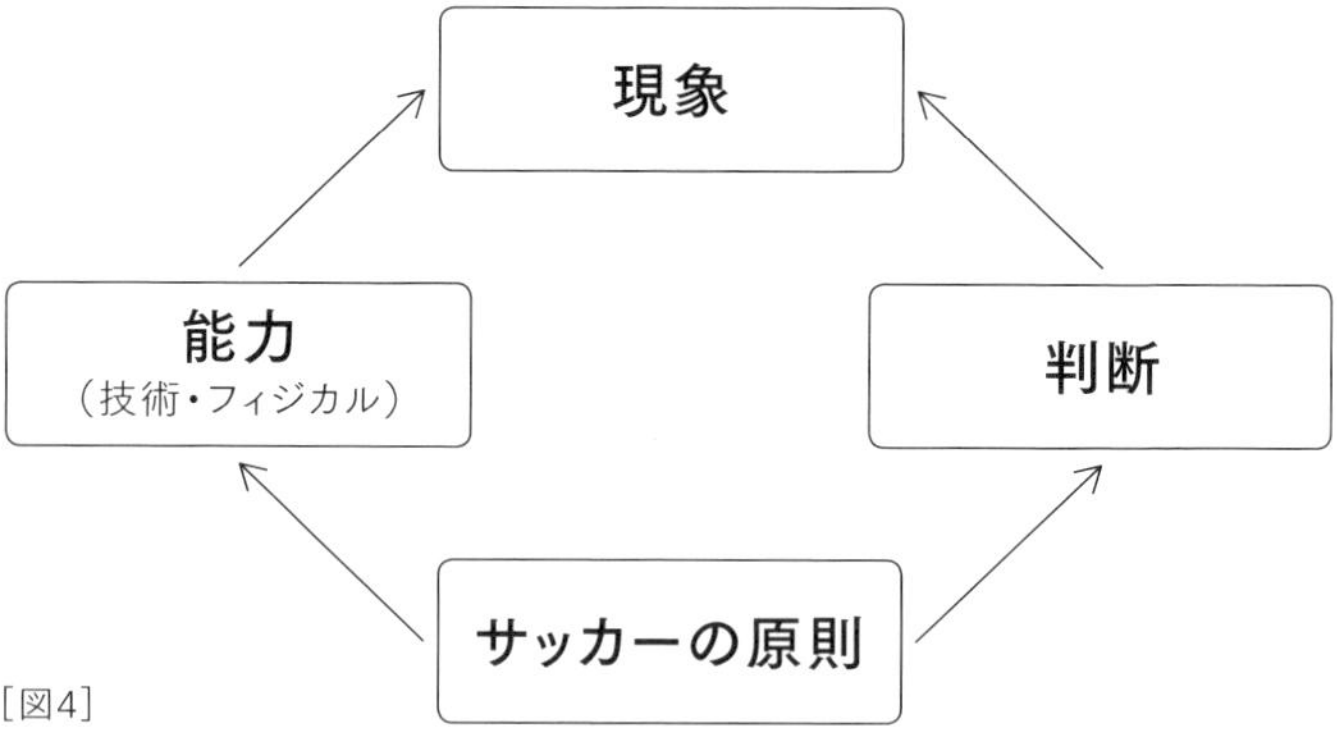

［図4］

図4になります。

この図4で示しているとおり、試合における**「現象」は、「サッカーの原則」「判断」「能力」の3つの要素が瞬時に結集し起こるもの**です。

本書ではこれから「サッカーの原則の重要性と可能性」について指摘していきますが、3者の関係について最初に、簡単に触れておきましょう。

例えば、チームの中でいくら「サッカーの原則」を提示し、それを忠実に実践しようとしていても、「判断」が悪かったことで、想定していた現象＝結果にならない場合があります。または、実践するだけの「能力」（技術・フィジカル）が伴わなかったことで結果が出ない（想定していた現象にならない）場合もそうです。

その結果（現象）がなぜ起きたのか。判断によるものなのか能力がもたらしたものなのか、それとも「サッカーの原則」なのか。この関係性を理解しておけば、より高い解像度で分析や指導を行なうことができます。そして、現在の多くの解説・指導現場で見られる、「現象」から判断や能力について指摘する――選手から見て納得のいかない――結果論でしか語られないサッカー界からの脱却を図ることができるはずです。

1-3 「原則」の話が足りない

わたしが常々思うのは、日本において**「サッカーの原則」について語られることが少なすぎる**のではないか、ということです。

本書のひとつの目的は、まずこの「サッカーの原則」の大切さを再確認し、整理することにあります。

そこで、ロストフの14秒です。

みなさんは、どこに「語るべき視点」を見い出したでしょうか。図2（P20）を見返してください。「①ショートコーナーのために香川が本田に寄っていく」「②本田がコーナーキックを中に蹴る」。このシーンに選択ミスがあった、という声は大会後、多く聞かれました。ここを挙げた方もいらっしゃるかもしれません。

または⑦を含めた長友選手の動き。果たしてルカクについていくべきだったのか。はたまた、⑧に見るデブライネ選手と対峙した山口選手の能力。ここでボール奪取をできない日本のボランチの力不足だった、という意見も耳にしました。

いずれも一理あると思います。しかし、そのどれも、「現象」もしくは「能力」「判断」にしか言及していません。残念ながら、いま日本サッカー界で語るべきところはそこではない。すっぽり抜け落ちている「サッカーの原則」という視点であるべきなのです。

ここで、このロストフの14秒について『PITCH LEVELラボ』でL·ive配信を行なった際に実際に出た意見と、そのときのわたしのお答えを紹介します。プレー原則という言い方をしていますが、この章では、「サッカーの原則」と同じものとして読み進めてください。

「本田圭佑のコーナーキック」という議論

岩政 ロストフの14秒、みなさんはどこに課題を感じましたか?

コメント　「あと1プレーで延長と考えればショートコーナーで良かったのでは？」「あそこでゴールキーパーにキャッチされるボールは良くなかった」

岩政　本田選手のコーナーキックがどうだったか、という話はよく出ていますね。確かにそうでしょう。でも、僕は今日ここの話はしません。また、走った選手が間に合わなかった。走るスピードを上げましょう。それもいいですけど、それはしょうがないですね。

「判断」として、本田選手が（ショートコーナーではなく）蹴る「判断」がどうだったんだというところ、確かにそれはありますけど、選手が「ここでいける」と思っていった「判断」ですから、僕はあまりここを責めたくない。そこは**選手たちに委ねられる部分**だと思っています。

僕が取り上げたいのは「原則」の話です。「原則」としてまずひとつ取り上げたいのが、みなさんここまでのシーンで「プレー原則」、「プレーモデル」、「約束ごと」といったところでいくと、なにか気になったシーンとかってありましたか？

例えば、デブライネ選手がパスを出した、正対する山口蛍選手の対応――が結構ありましたけれど、この山口蛍選手の対応を、みなさんはどう思われましたか？　どう考えましたかね？

コメント　「守備のスペシャリストである蛍選手でも止められないかと思ったのですが」「山口選手はデブライネ選手に何もできなかった印象です」「蛍選手、退場（覚悟でもいくべきだったという議論）はちょっと……」

岩政　あ、そうですね。ＮＨＫの特集（『ロストフの14秒 日本vs.ベルギー知られざる物語』）で吉田（麻也）選手の証言でありましたね。「（おそらく）取れると思っていった」と。まさにそこの部分ですね。取れると思っていったというのは、「判断」の部分です。この「判断」が、山口選手の「判断」としてひとつあるでしょう。それは選手として、当然あると思うんです。

コメント　「取りにいくスタイルなので前に出てしまったんだろうと思います」

岩政　なるほど。ではまず「プレー原則」の話です。守備の原則の話になりますが……こういうふうに守備の最終ラインが３人の状況になりました。その前に相手がドリブルで運んできました。このとき、日本守備陣は数的不利でした（図５）。

数的不利の場合の原則としては、**「１・ペナルティエリアの５〜10メートル手前の**

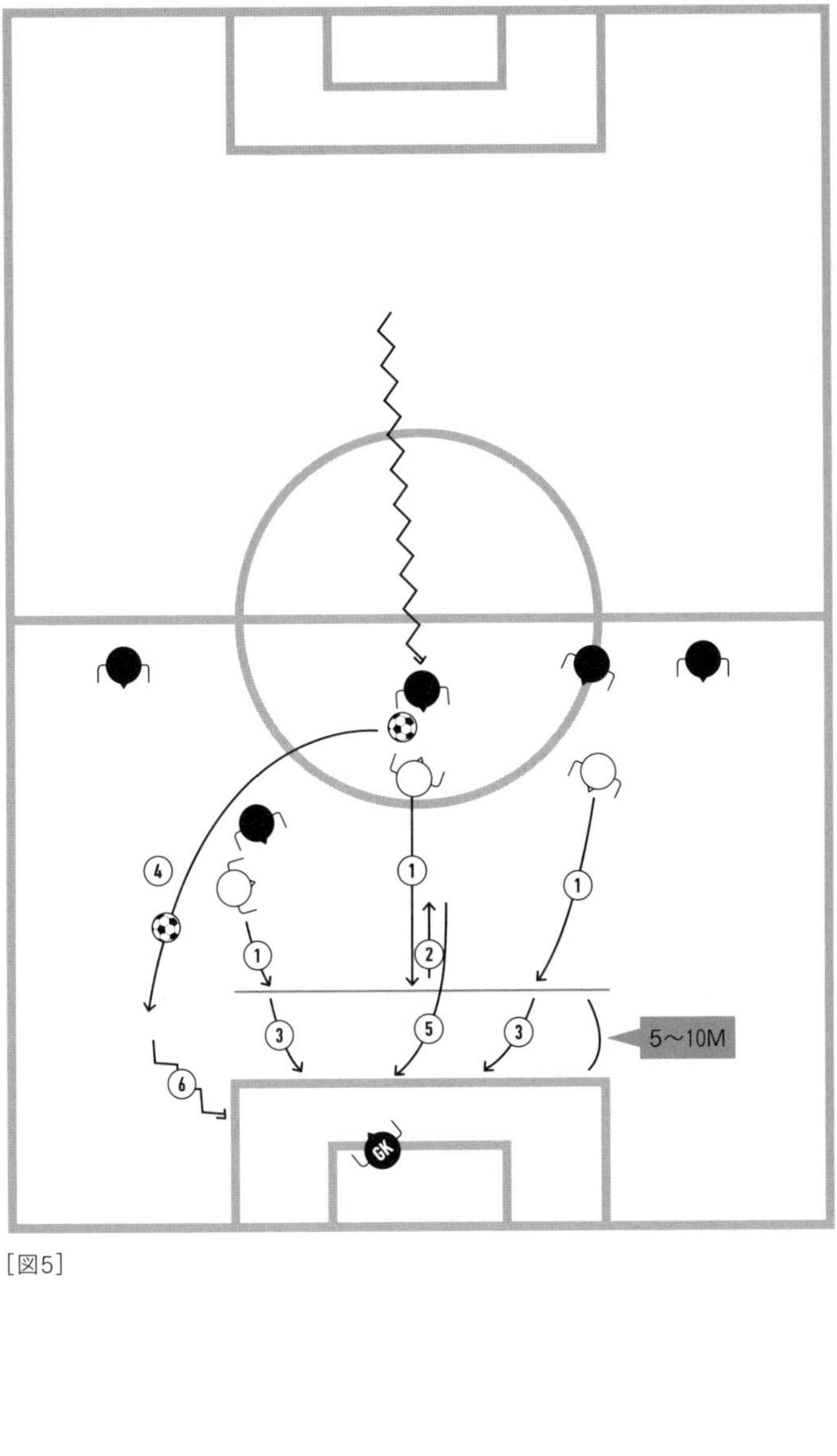

［図5］

ところまで、3人が下がっていきます。2・下がったうえで、できるだけ真ん中の選手が出る」となります（図5①②）。

もちろん大外でドリブルしているなら別ですけどね。このシーンはわかりやすく真ん中でしたけど、例えばちょっとズレてドリブルしてくるような選手がいたとしても、出ていくのは必ず真ん中の選手です。（真ん中が）出ていって、両サイドが締めます。そうすれば大体、ここから外（ムニエ選手の方向）にパスを選択します（図5③④）。残ったふたりはさらに真ん中へ絞ります。それで出ていった山口選手が戻ります。ここは3人で対応して、できるだけシュートコースが狭いシュートを打たせる（図5⑥）。

どういう対応をしても3人しか守っていませんから、かなり状況としては難しかったシーンだと思いますが、その中でディフェンスとしてやるべきこと、**「サッカーの原則」というのは、できるだけ相手の得点の可能性を減らす**ということですから、そういう面でこういうふうに、できるだけ確率の低いシュートを選ばせるというのが「原則」になります。

コメント　『原則』が共有されていないので、どうしてもここの『判断』に寄ってしまうのが日本の問題点？」

岩政　そうです。まさにここの部分が問いたかったんです。取れそうだったからいきました、その「判断」はいいんです。ただ、この**「原則」が頭にありましたか？**というところが気になったんです。

ひとつは山口選手の動きを見ていると、まず（守備の人員として）余っている状況だったんですけどね。コーナーキックが蹴られたときには。それで、その状況からカウンターになったわけですが、ペナルティエリア手前まで下がろうという意識はなかったように見えました。

（いったん、ペナルティエリア前5～10メートルまで）下がるということを理解したうえで、取りにいったんだったらまだわかるんですけど、下がろうとせずに、デブライネ選手がドリブルしてくる間に対応しようという意思が見えたんですね。

（もう少し状況を見ると）両サイドを走る選手がいた。ここの状況は見えていたのか。山口選手はもしかしたら、最初の段階――コーナーキックを蹴る段階では、後ろは2（長谷部・山口）対1（ルカク）だったんですよ。であれば、そのままデブライネ選手がドリブルで運んできても2（長谷部・山口）対2（ルカク・デブライネ）なんですよ。であれば、自分の「判断」で取りにいっても後ろは1対1だからいいですけど、最終的に出ていったシーンのときは、サイドからアザール選手が走ってきました、後ろからシャドゥリ選手が走ってきました、反対のサイドからムニエ選手が走ってきました、というふうにフリーの状況になったんですね。

この状況が見えているのであれば、まずは下がろうと思わなきゃいけないシーンでした。山口選手の名誉のために言いますが、この状況、確かに見えないこともあります。見えなかったら見えなかったで、それはいいんですけど。見えていたのに出たんだったなら、これは「原則」を押さえずに「判断」として出ていったということになるなと僕は見たんですね。

結局、「原則」が山口選手の頭の中にあったかどうか。つまり、**「まず下がる」という原則があったうえで「(取りにいく)判断」をしたかどうか**というのが非常にポイントで、ここが日本サッカーで問われるべき、というか——よく「間違ってやられました」「なんでここに付いていかなかったんだ」と色々なこと言われますけど、それ以前に「原則」は押さえられていたんだろうか、というところが非常に気になったというのが僕の意見です。

2018年12月「PITCH LEVELラボ」配信

1-4 「原則」があれば改善点がクリアになる

図2に示した、一連のプレーについて、日本の選手が起こしたアクション（①・②・⑥・⑦・⑧・⑩・⑪）を抽出すると、左記のように分けられます。

① ショートコーナーのために香川が本田に寄っていく↓**判断**
② 本田がコーナーキックを中に蹴る↓**判断**
⑥ 山口、長友、長谷部が最終ラインとしてカウンターに対応↓**サッカーの原則（チームの約束事）**
⑦ ルカクがボールサイドに走り出し、長友がついていく↓**サッカーの原則**
⑧ 山口がハーフウェイライン後方でデブライネを待ち構え、寄せにいこうとするが、デブライネは空いた右サイドへパス、長友が対応へ↓**判断・能力**
⑩ 中央のルカクへ長谷部が寄せる、ルカクはスルー↓**判断・能力**
⑪ 後ろから入り込んだシャドゥリがシュート、川島が手を伸ばすも届かずゴール↓**能力**

それを踏まえたうえで、「サッカーの原則」を外したシーンが⑧です。

L:ive配信でも話しましたが、「サッカーの原則」を外したこと自体は決して批判されるべきものではありません。これは、「判断」としてあり得ることだからです。

つまり、「サッカーの原則にのっとれば、下がらないといけないけど、(下がらなくても)ボールを奪取できる」と考え、出ていく「判断」をすることは、選手の頭の回し方として、間違っていないということです。結果として失点してしまったのであれば、それは「判断」が間違っていた、もしくはその先の「能力」が足りなかった、として改善点が明確になります(もちろん、「判断力」そのものは、選手の能力としてその向上が問われ続けますが)。

しかし、この⑧のシーンについて言えば、そもそもの「サッカーの原則」が頭になかったのではないか、というのがわたしの仮説です。

ロストフの14秒について、わたしが気になったのは、どういう判断をしたか、どういう能力の差があったかではありません。そもそも「サッカーの原則」が頭にあったかどうか。どうやら、それがないままに「判断」「能力」が批評されているのではないか、ということです。

この例に代表されるように、「サッカーの原則」の不在(または整理不足)は、日本サッカー界において顕著に感じます。裏を返せば、ここを整理することで日本サッカーは飛躍的に世界に近づく可能性がある、とも言えるわけです。『はじめに』にも書きましたが、ヨーロッパでプレーする選手が増えたことで、日本サッカーは前進しました。「サッカーの原則」をもとにしたプレー環境は、やはりヨーロッパのほうが数段上のレベルにあると思います。そこで体得した「サッカーの原則」を含んだサッカーが、いまの日本サッカーを支えている点を見逃してはいけません。

では具体的に「サッカーの原則」とはどういうものか、見ていきましょう。

まず⑧のシーンにあった「サッカーの原則」、「数的不利の状況で3人で守るとき、『ペナルティエリアから5～10メートル手前』に下がり、真ん中の選手がボールを取りに出る」原則について説明したいと思います。

いや、それにしてもやたらと長い原則ですね。伝わりやすいキャッチフレーズは、短いという原則があると聞きますが、それにはまったくのっとれていません（笑）。いい知恵があれば教えてください。

原則 1

「数的不利の状況で3人で守るとき、『ペナルティエリアから5〜10メートル手前』に下がり、真ん中の選手がボールを取りに出る」原則

ゴールに向かいドリブルでボールを運んでくる（相手）選手に対して、どういう守備対応をするのか。

まず押さえなければいけないのが、ディフェンスラインが取るべき「ポジション」であり、その答えが「ペナルティエリアのラインから5〜10メートルあたり」です。

これは、スルーパスに対してゴールキーパーを加えた4人で守ることができ、ミドルシュートを打たれないことを意図した距離です（図6）。

これより前だと、ゴールキーパーとディフェンスラインの間にスペースを与えてしまい、これより後ろだとミドルシュートを打たれる可能性があります。ですから、5〜10メートルが原則となります。

数字がわかりづらければ（プレーしている選手は、ピッチのこのあたりが5メートルなどと理解しているわけではないので）、ミドルシュートを狙われ、シュートモーションに入ったときに出ていける、くらいの距離だと考えてください。

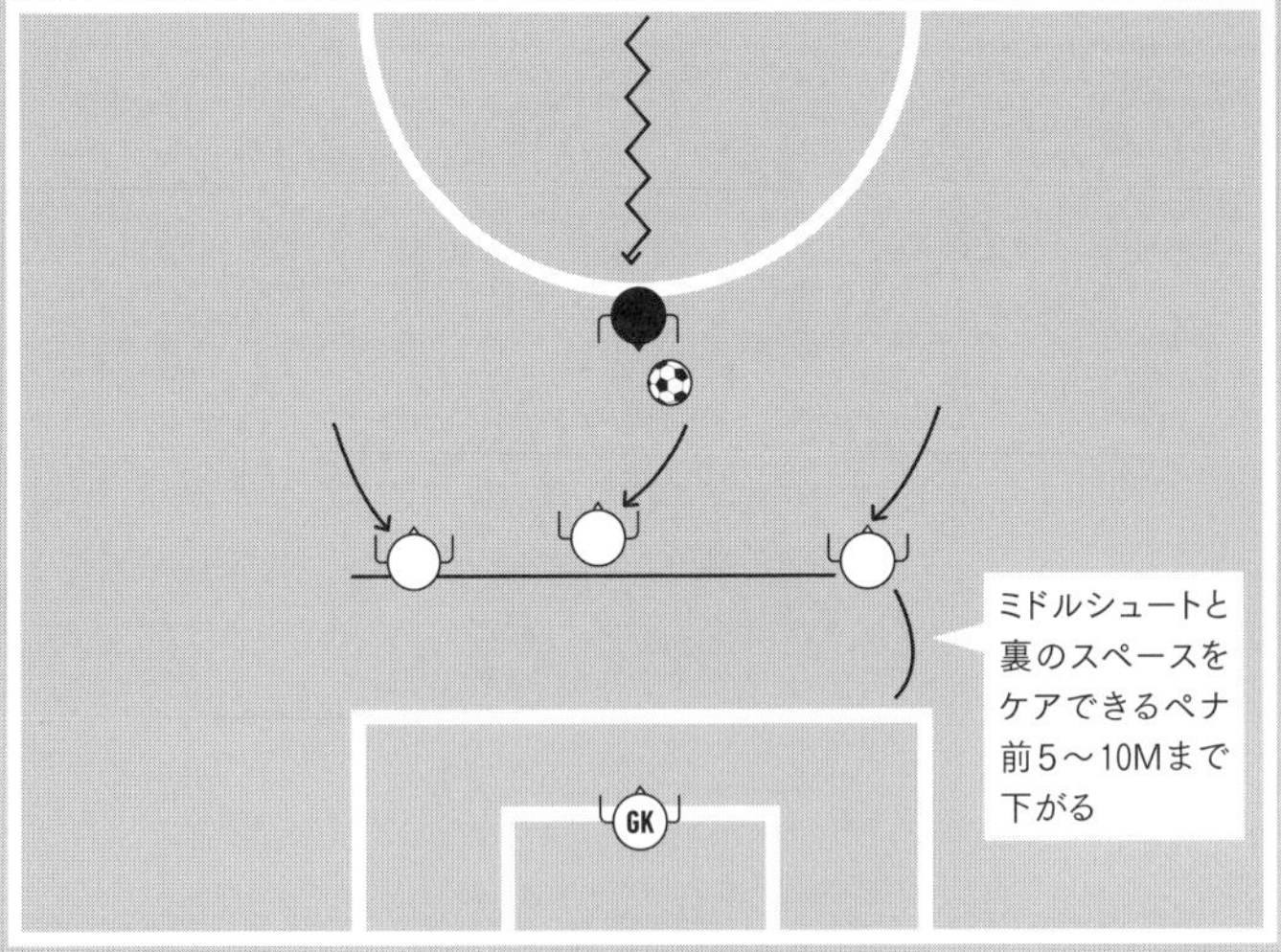
ミドルシュートと
裏のスペースを
ケアできるペナ
前5～10Mまで
下がる
GK
[図6]

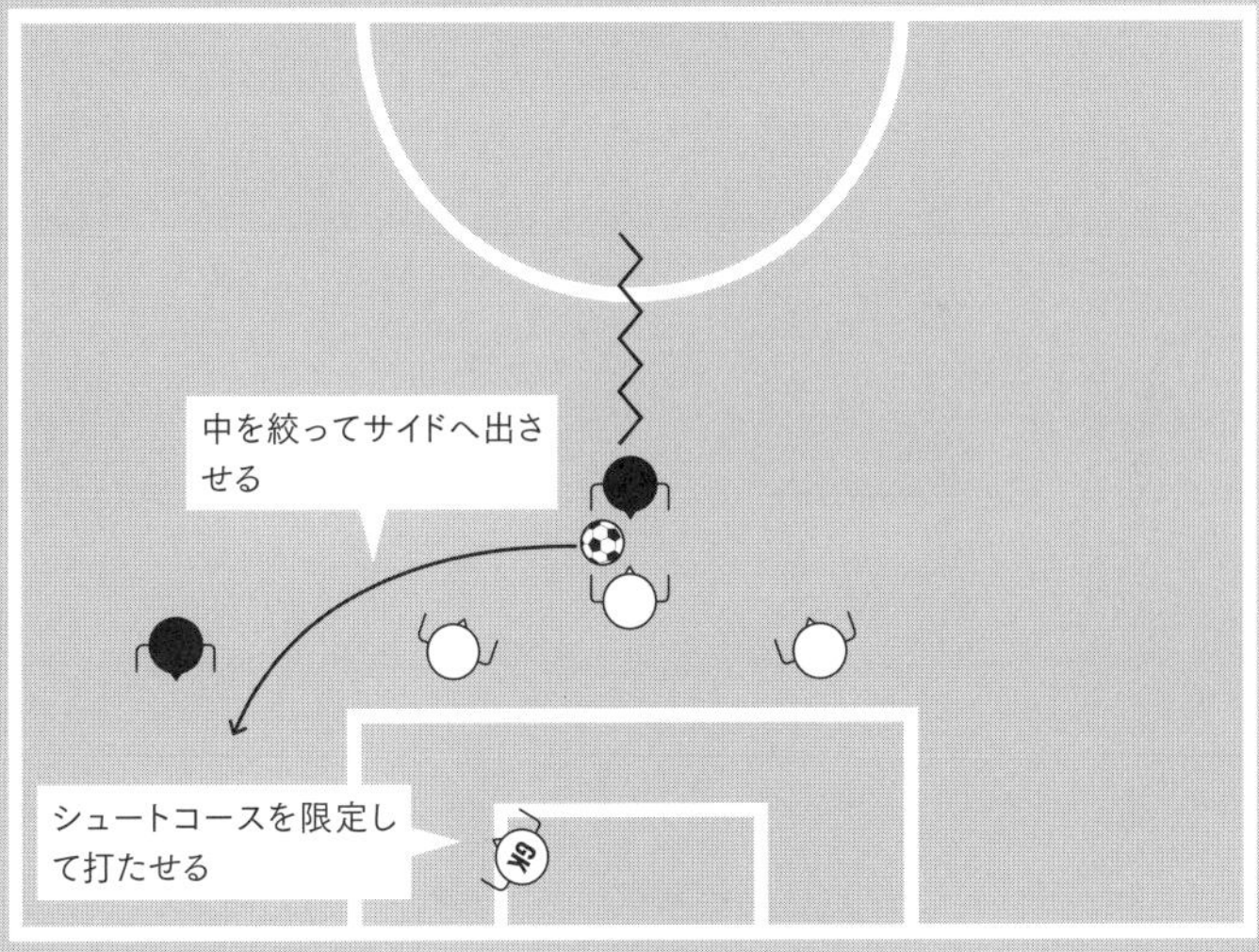
中を絞ってサイドへ出させる
シュートコースを限定して打たせる
GK
[図7]

そして、相手がスピードを持ってドリブルをしてきたとしても、3人いればペナルティエリア幅くらいは守ることができます。中を固めることでサイドへパスを出させ、ニアサイドにコースを限定してシュートを打たせて守る（図7）、――これがもっとも失点の可能性が低いセオリーです。

選手たちの「判断」はこの中で行なわれます。または、「能力」がプレーに影響を与えることもあります。

逆に言えば、「原則」的な守り方を相手もわかっています。簡単にはサイドへ展開せず、例えば、サイドに出すフリをしてディフェンダーを食いつかせ、裏へのスルーパスを狙う、などさまざまな「判断」をしてくるはずです。

いずれにしても、まず「ペナルティエリア前5～10メートル」まで下がる、という原則があって、そこから「判断」をしていきます。これが数的不利の状況で攻められているときに、ディフェンダーが「頭の中」で回すべき「サッカーの原則」です。

解説動画は
こちらから
➡

パスワード：fbp1

1-5

「原則」を押さえた長友佑都の判断

「サッカーの原則」について、イメージが湧いたでしょうか。

ピッチレベルで起きている「現象」にある「判断」「能力」「サッカーの原則」の関係は、どうでしょうか。

ここでお伝えしたいのは、その選手たちのアクションは、——多くの場合それが語られるのは、ピッチ上で問題があった、ミスがあったとき、またはゴールを決めた、いい攻撃ができたときになりますが——まず、「サッカーの原則」を押さえていたか否かが大事になる、ということです。

ロストフの14秒を題材に、もう少しこのあたりについて書いてみましょう。

あのカウンターのシーンで**サッカーの原則を押さえていた選手がふたり**います。ひとりは、長友佑都選手です。

シーンは図2の⑦になります。NHKスペシャル『ロストフの14秒　日本vs.ベルギー　知られざる物語』で、彼が興味深いことを話しています。要約します。

・ルカク選手が走っていくのに対して「ずっと付いていきました」
・途中で「オフサイドにかけるか迷いました」
・でも「これをオフサイドにかけて（ゴールを）決められたら、一生後悔するだろうから付いていきました」

発言からわかるのは、長友選手は原則を完全に押さえていた、ということです。

このシーンではディフェンスラインが3枚（3人）でしたが、それが4枚（4人）であろうとも、このときのルカク選手のように、**ボールを受けるために「斜めに走ってくる選手に対しては、その選手（ルカク）の後ろの選手――前じゃないですよ――が付いていく」**のが原則です。

そして結果的に、長友選手はしっかりと付いていくという「サッカーの原則」にのっとる選択をしました。一方で、「判断」として、原則を捨ててでも、オフサイドを取りにいくことも考えたわけです。

ということで、この原則について紹介しましょう。

原則 2

「斜めに走ってくる選手に対しては、その選手の後ろの選手が付いていく」原則

ボール状況がフリーのとき、つまり味方――特に中盤の選手――が、プレッシャーを受けない状態でボールを持っているとき、フォワードが必ずといっていいほどするアクションがあります。それは、斜めに走ること。ラインブレイクをしようと、最終ラインの選手間のレーンを抜けていこうとするわけです。サッカーをよく観る方であればなんとなく光景が思い浮かぶのではないでしょうか。そのくらい、よくあるシーンで、わたしの感覚で言えばフォワードは99％そうします。一気にゴールチャンスになるため、当然と言えば、当然です。

ではその状況で、守備側はどう対応するべきか。誰がマークをすべきか。これが、ここでご紹介する原則です。

結論から言うと、（ラインブレイクしようと）走っていく選手をケアするのは、「（走る選手の）背中から追いかけられる」後ろの選手です（図8）。この選手は、必ず走っていく選手についていかなければいけません。

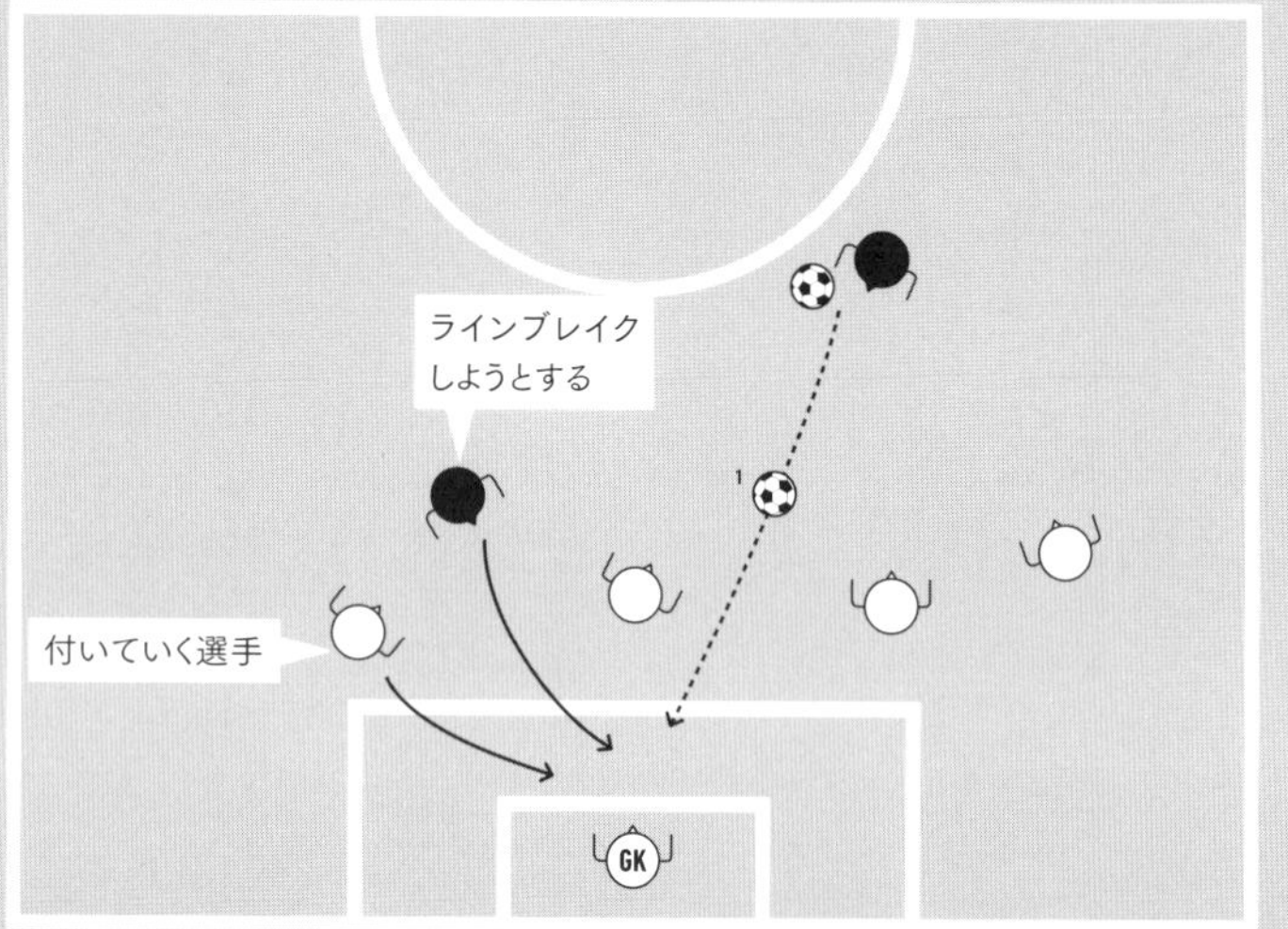

［図8］

なぜそれが原則になるのかは、ボールを出された状況を具体的に想像してみればわかります。（後ろではなく）前の選手が対応した場合、相手選手が背中側を走ってくることになります。もしボールがここに通ってしまったら、ほぼ無力です。後ろからファールをするくらいしか選択肢がない。ペナルティエリアであればPKです。

一方、後ろの選手が対応すれば、ボールの出どころから相手選手の対応まで、つねに相手選手の背中側にいることができます。だから相手の背中側で対応できる後ろの選手がマークする。これが原則になるわけです。

そのうえで、例えばディフェンスラインが4人である場合、後ろの選手がついてき、他の選手がカバーをする。もしボールが出てこないとなれば、戻って再び4枚を形成して繰り返す。これが対応策になります。

実際の現場においてわたしは、ここにそれぞれのタスクを加えています。まず、前の選手には必ず、自分の右側のパスコースちょっとでもいいから切ってほしい。低いボールを右側に通させないようにしてほしい、と伝えます（図9）。

これは、相手に「失点の可能性が低い」選択肢を取らせるためです。

繰り返しになりますが、フォワードは必ず斜めに走りますし、ボールホルダーはそこにボールを通そうとします。そのとき、パスを通そうとする選手は、右側に重心を移そうとするディフェンダーを見て、グラウンダーでのパスという選択を捨てます（捨てる確率が上がります）。選択するのは、浮き球で頭を越していくボールか、斜めに走る選手がラインブレイクできない足元へのボール、この二択あたりでしょう。

そうすることによって、左側の選手の対応はぐっと楽になります。浮き球は、通ったとしてもボールが転がっている時間が生まれ、さらにシュートを打つ選手はシュートモーションがグラウンダーのときより大きくなりますので、シュートブロックしやすく、身体も入れやすくなる。足元に付けてくれれば、そもそもマークについていく必要がないので、対応がしやすい状況になる。

このシーンでは、ふたりの連係を全体が共有すると、横のコンパクトさを作ることがで

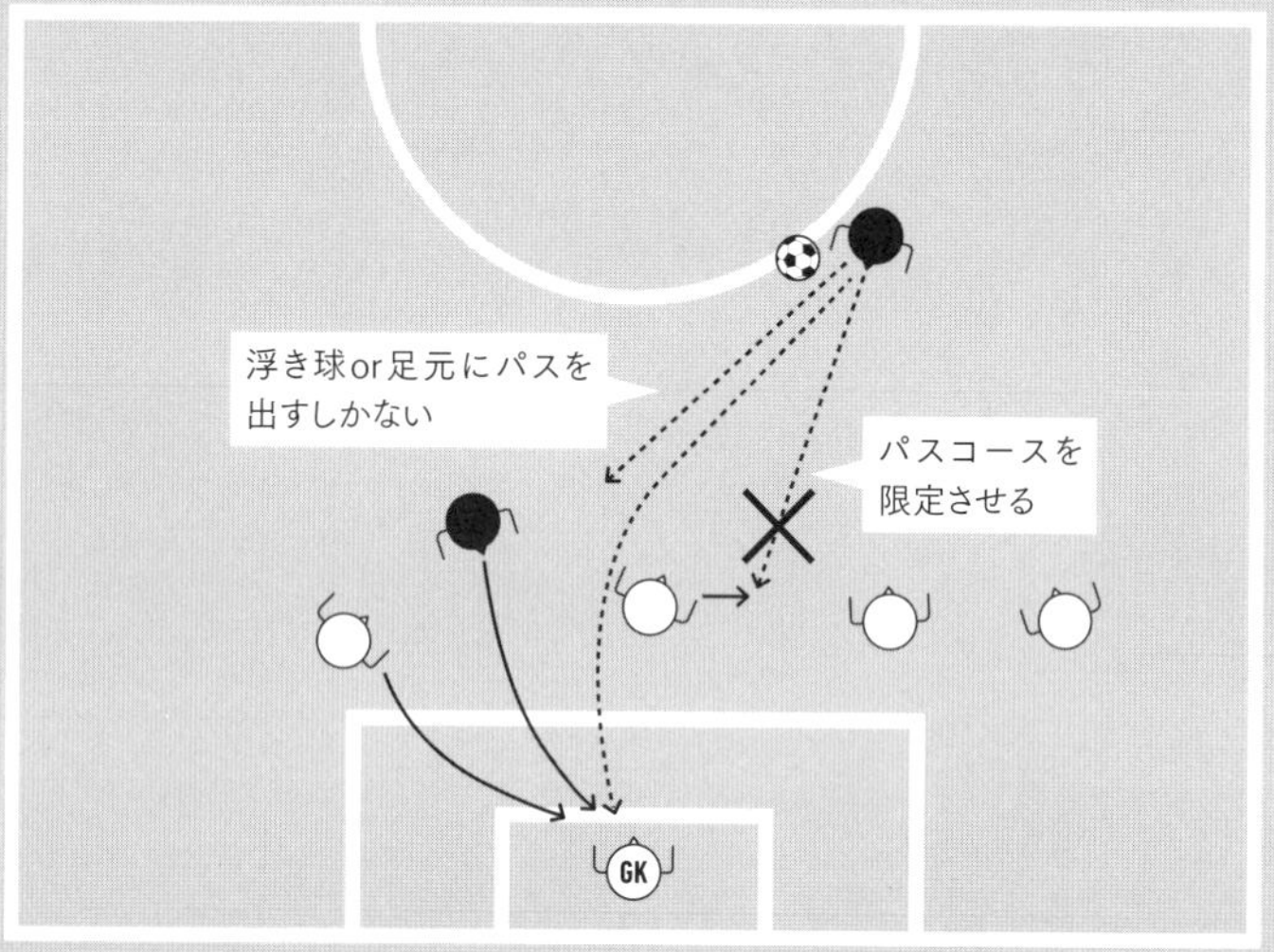

［図9］

きます。自分のボールサイド側の低い位置のコースを通させない、その左にいる選手も同じように対応し通させない、他の選手も同じく通させない……これで全体がコンパクトになるわけです。

この原則が浸透しない理由は、そもそも多くの人が見ている「ピッチ」の見え方にも問題があるかもしれません。「フリーの相手から出たボールを斜めに走ってくる選手に決められた」とすれば、「背後を取られた」ことを課題として指摘されるでしょう。そのときやり玉に挙げられるのは、ほとんどの場合「前側」の選手になります。テレビなどの画角から見ていると、相手が走り込んだ前側の選手の背後のスペースを突かれているように見えるからです。

しかし、残念ながらこの指摘は間違いです。このとき背後を取られたのは「前の選手」ではなく「後ろの選手」です。原則を守らなかった、付いていかなかった選手に問題がある。

ロストフの14秒では、カウンターを受けた際、ルカク選手に対応していた長友選手が、付いていくか、それともラインを切るか迷った、と話していました。結果的に長友選手は付いていく、という原則にのっとった選択をします。

斜めに入っていく選手に対して、付いていくのはその後ろの選手。とても大事な原則だと思います。

解説動画は
こちらから
➡

パスワード：fbp2

1-6

なぜ、走っても追いつかなかったのか？

ロストフの14秒で見られた原則どおりのプレー、そのもうひとつを実践していたのは長谷部誠選手でした。

ベルギー戦後、さまざまな批評がある中で、こんな趣旨の分析をいくつか目にしました。

「日本は点を取りにいっていた。ベルギーは逆に、虎視眈々とあのカウンターを狙っていた」

「香川、乾はなんでもっと走って戻らなかったんだ?」

ひとつ目の指摘は、あたかもベルギーがあの瞬間に戦略を立て、日本はまんまとその術中にハマったようにみえる指摘です。事実であればベルギーにとって素晴らしいストーリーですが……実際は、そんなことはなかったと思います。

言葉尻をとらえるようですが、ベルギーはあの一発を狙って仕留めたわけではなくて、いつも仕留めようと狙っていたのだと思います。具体的に言えば、セットプレーの守備は、いつもカウンターのチャンスになると考えていた。その中の一回がハマった。決して、あの一回だけを狙ったわけではないはずです。

ふたつ目の指摘は、「現象」としては正しく見えます。もっと走って、もっと足が速ければ対応できたのかもしれません。でも、それはあの時点で可能でしょうか? もし、ここを「世界との差」と捉えて結論付けてしまえば、それは「育成」から始める課題になり、とうぶん追いつくことのできない「能力」の差として話が終わってしまいます(当然のごとく育成も非常に重要な視点です)。

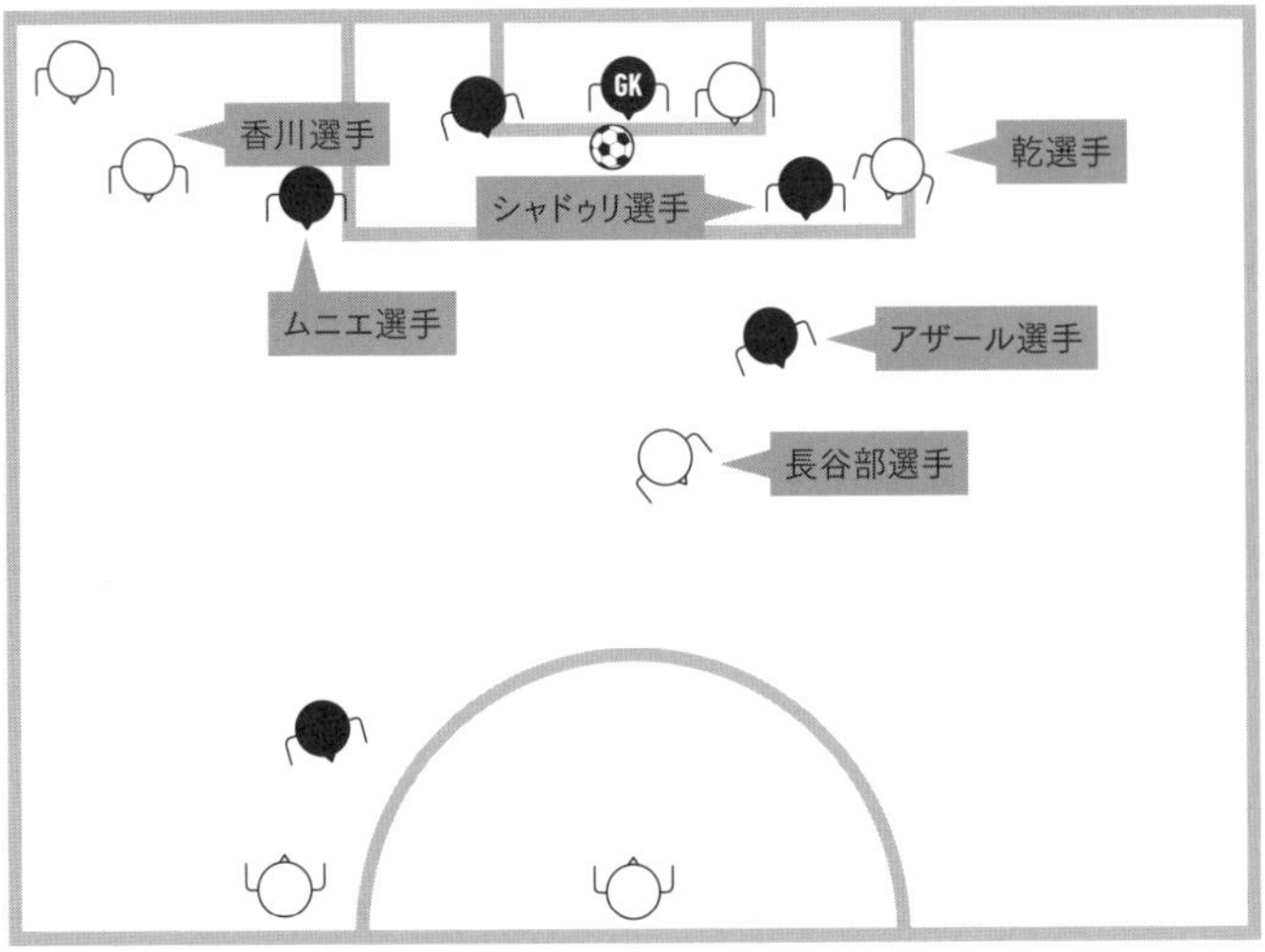

［図10］　クルトゥワ選手がボールをキャッチしたときの主な選手の立ち位置

このカウンターに代表されるように、サッカーには必ず「切り替え」のシーンが存在します。トランジションと言われるあれですね。

多くの指導現場で、プロアマを問わず「トランジションを頑張ろう」「切り替えを早くしよう」という言葉が飛び交っていますが、その**「攻」から「守」を早くするための原則として、「相手の横にいない」**ことが挙げられます。

図10を見てください。

ベルギーのカウンターのシーンではクルトゥワ選手がキャッチをした瞬間が「切り替え」のスタートになります。

このとき、「切り替え」に対応すべきそれぞれの選手は、「相手（カウンターを仕掛ける側）の横」にいてはいけません。

しかしこのとき、香川選手そして乾選手は、「横にいた」。

もちろん、横にいたのには理由があります。コーナーキックでしたから、おそらく香川選手は自身のマーカーであるムニエ選手を食いつかせようとし、乾選手は吉田（麻也）選手がゴール前に入り込むことで空いたスペースを突く意図のもと（マーカーの）シャドゥリ選手の「横」に立ち位置を取ったはずです。

しかし、「横」にいたら「対世界」では間に合わない。これは頭に入れておくべきポイントです。

ゴールキーパー（クルトゥワ選手）がキャッチした瞬間――つまり切り替えの瞬間――、（ベルギーの）選手たちがどう頭の中を回して動くのかというと、これはほとんどが反応になりますが**「自分の目の前にスペースが見えると走る」**になります。必ず、スペースに向かって走るわけです。

横に選手を置いていれば、必然的に目の前にスペースができます。カウンターを「つねに」狙っていたベルギーの選手たちは、まさにこのアクションを持って前進してきたわけです。一方で、（横ではなく）正面に誰かがいれば、そこへ突っ込んで走ってくる選手はいません。違う「スペース」へ向かって走ります。

つまり、ベルギーのカウンターは、「横に選手を置いた」ことによって成立したわけです。

先ほどの指摘「なんで走って戻らなかったんだ」は、原則を押さえていない批評の典型ということがわかってもらえると思います。

さて、これらを踏まえてロストフの14秒を見ると、この「横に置かない」原則を守っている選手がひとりいます。それが、長谷部（誠）選手です。

長谷部選手は、必ず目の前に相手選手を置いています。

もちろん、（香川選手や乾選手の）一列後ろのポジションであることも加味すべきですが、それにしても見事な動きをしていました。

図11でその動きを見てみます。

クルトゥワ選手がキャッチした瞬間、アザール選手はスーッとサイドに寄っていきます。長谷部選手はそれに対し、「横」に追走するのではなく、内側を走るという判断をしました。このひとつの動きによって、アザール選手と（ゴールに対して）縦の関係になり、抜け出されるリスクはなくなりました。

長谷部選手のプレーは、「こうなったらこうなる」という「サッカーの原則」にのっとっています。そして、今回は「原則にのっとった」判断が、「対アザール」に対しては奏功したわけです。

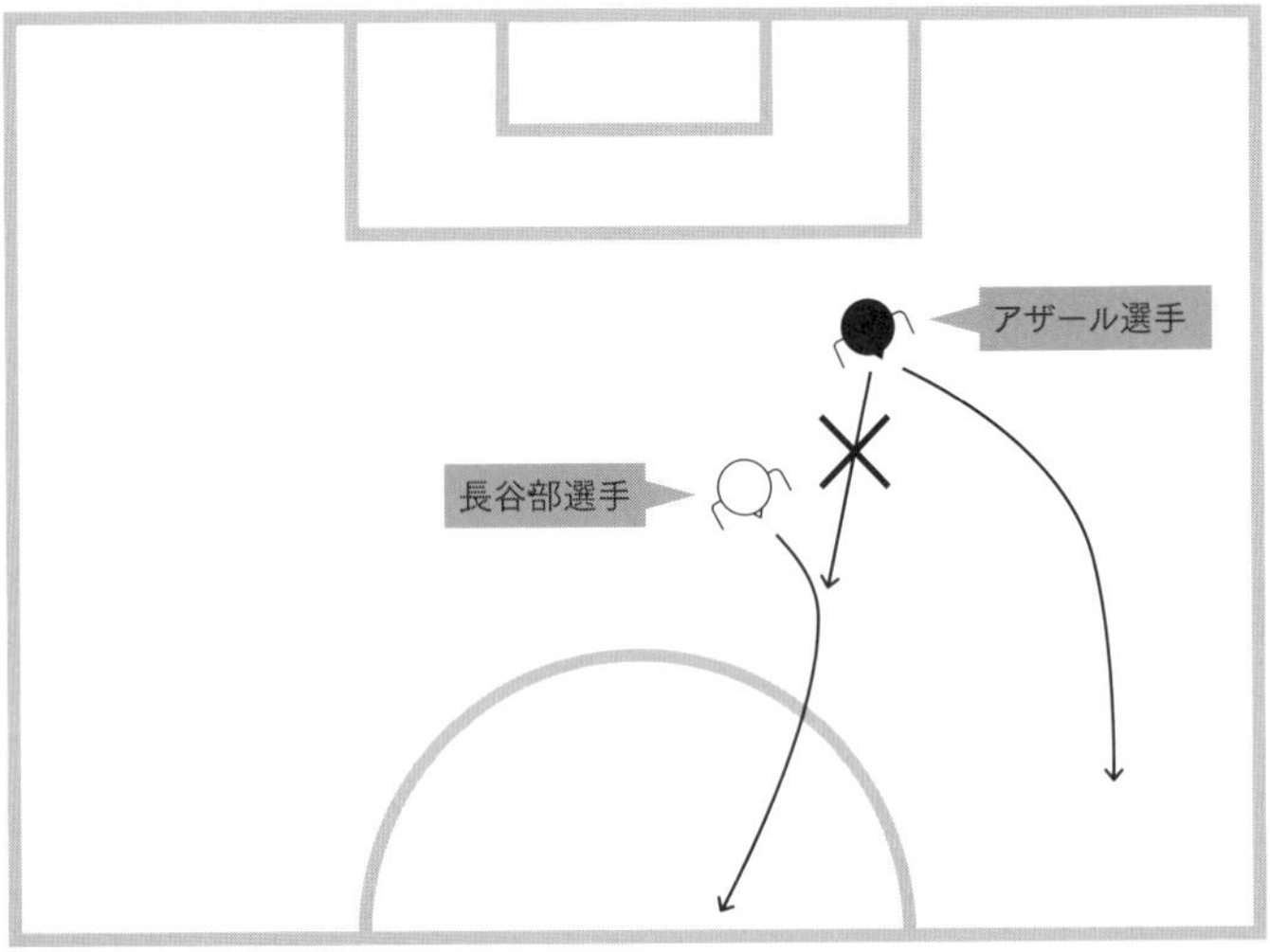

［図11］

このシーンには、**サッカーの「判断」の難しさ**が詰まっています。

自分のマーカーに対して「横」に入る。これは、ボールを持ったときには非常に有効です。リスクを冒してでも点を取りにいくチャレンジをしたいとき、「横」に立つことで相手ディフェンスをはがしやすく、この状態でシュートコースを作りながら攻めることが必要です。

しかし、ひとたびボールを取られ、攻守が入れ替わってカウンターとなると、そのまま走られてしまい自分のマーカーに付くことができない。

攻守の切り替えが激しい現代サッカーにおいては、この「判断」が非常に重要になるわけです。

リスクを冒し、「横に置かない」選択をしてチャンスを窺いにいった。これは乾選手と香川選手の「判断」です。ふたりがこの原則を頭に置いてその選択をしたかどうかはわかりませんが、いずれにしても「判断」は結果論でしか語れません。ゴールを決めていれば、チャンスを作れていれば「結果として」、良い判断だった、となるでしょう。

選手自身がその「判断」の精度、「判断力」を磨く努力をする必要があることは言うまでもありませんが、わたしが「判断」の部分に踏み込んで批評や指示をしない、選手に委ねたい、と言うのは、そういう理由からです。

1-7 ロストフの14秒は防げたのか

さて、こう考えていくとロストフの14秒を防ぐ方法がちょっと見えてくるような気がします。

もし、一人ひとりが、サッカーの原則にもとづいて対応をしていれば……、例えば、長谷部選手のように、それぞれの選手が「自分のマーカー」に抜け出されないように帰陣していれば、基本的にはゴール前で「人が足りている状態」になった。むしろ、ひとり余っていますから、デブライネ選手が抜け出してきても、十分に守れた。……かもしれない。

ピッチ上にいつもあるのは瞬間、瞬間のせめぎ合いです。そのシーン、そのシーンによって答えは変わるし、結果も変わる可能性がある。サッカーに正解はない、と言われるゆえんです。

その正解がないことに対し、我々はどう指導、批評をしているのか。

「現象」だけを見てそれらを行なってはいないか？

デブライネ選手に対してボールを取りにいくと「判断」した山口選手が、実際にボールを奪っていたら「素晴らしいプレーだ」と賛辞を贈り、（もし）オフサイドを取ろうと「判断」をした長友選手がギリギリで抜け出されて失点をすれば「なんで付いていかないんだ」と批判する。それらを見た指導者が、「ああいうシーンはボールを取りにいくんだ」とか「ボールを取れる能力をつけろ」と指導する。

これらは、日本サッカー界が成長するのに資するものなのでしょうか。

つまり**「現象（結果）」だけを見て「判断」の話をしてしまうと、つねに結果論がベースになってしまう**わけです。

繰り返しになりますが、実際はそのシーン、そのシーンで状況が変わっていますから、それでは批評の意味がない。

そしてもっと重要な点は、この「判断」について指導をしてしまうとそのチームが成長しない、ということです。「取りにいけ」「付いていくな」または「ここに立て」——。こうした**「判断」を指導者が与えすぎることで、指示がなければ動けない、または躍動感のないチームになってしまう**可能性がある。このあたりは、本書の後半に譲りましょう。

とにかく、ピッチ上で起きた「現象」だけを見て、その「判断」だけにフォーカスを当てているようでは日本サッカーの成長スピードは速まりません。

そこに**「サッカーの原則」という共通のベース**があることで、はじめて意味のある指導、指摘になります。

断っておきますが、（先にも少し触れたとおり）**「サッカーの原則」にもとづいてプレーすることが、イコールで正解にはなりません**。「サッカーの原則」は、「こうなれば、こうなるだろう」というベースであり、真理です。

ですから、「サッカーの原則」を語れば、それはすべてうまくいくようにみえます。わたしがここまで書いてきたようなことは、うまくいくように聞こえると思います。当然です、そういうものですから。

しかし、実際のサッカーにおいては長谷部選手のように「原則にもとづいた判断」をしたとしても、相手（ベルギー）はその裏をかいてくるかもしれません。そうしたことを加味したうえで、「現象」が起きる前のアクション、「判断」「能力」の部分で日本サッカーを描きすぎてはいけないと思います。

日本サッカーが成長し、世界との差を縮めていくためには、まず共通の「サッカーの原則」を共有すること。日本には、あまりにそのベース、そして論点が欠けているからです。

「サッカーの原則」にのっとってプレーすることが重要なのではなく、「こうなれば、こうなるだろう」ということを誰もがきちんと押さえたうえで、判断、能力の話をしていく。そうでなければつねに「結果論」になってしまう。この事実に気づかないまま、日本サッカーの成長を語ることはできないのではないかと思っています。

1-8 「サッカーの原則」とプレーモデル

長くなりましたので、この章をまとめておきます。

「パスミスですね」「あそこに走らなかったことが原因です」「いい判断でした」「距離感がいいですね」「いいクロスでした」

こういう解説は日本中に存在しています。

あるいは、「なんでそこにパスしたんだ」「あそこに走れよ」「いい判断をしろ」「距離感を良くしろ」「巻き気味のクロスを上げろ」……といった指導も多い。

これらはすべて「判断」「能力」「現象」の話です。

一方、「サッカーの原則」は、日本において語られることが少ない。選手たちは「サッカーの原則」をもとに、「判断」をし、「能力」（技術・フィジカル）を上げようとしているはずなのに、です。

いま、日本で語られることが多い「判断」「能力」「現象」の部分は、選手たちがそれぞれで考えるべきところです。「サッカーの原則」は指導や、解説でこそ言及されるべきです。日本サッカー界の未来は「サッカーの原則」をどれだけ積み上げることができるかにかかっている。

これが大前提としてわたしが考える日本サッカーの課題であり、チャンスです。

最近、サッカー界でよく指摘される似たような言葉に「プレーモデル」があります。関係で言えば、「サッカーの原則」を積み上げた先にあるのが「プレーモデル」の構築です。

長い間、「日本人らしいサッカー」はあいまいに語られてきました。それが独り歩きしたことで、2014年のブラジルワールドカップでは惨敗を喫しました。

その反省もあってか、現在、日本サッカー協会でも「Japan's way」という方針のもと、「日本のストロングポイントを伸ばす」ことに主眼を置いた育成プログラムを実行しています。しかし、どこか曖昧な言葉ではっきりしません。

また日本人らしいサッカーは、現役世代こそが実行に移さなければいけないのは当然のことです。

日本サッカーのプレーモデルとは何か。

例えば、元日本代表監督・ハリルホジッチさんの「サッカーの原則」は——これは「約束事」に似た形でしたけど——人から摑んでいく守備があって、そこからスペースを見る、というものでした。ではそれが積み上げられた先にある「プレーモデル」は日本にふさわしいものなのか。

こうした議論も「サッカーの原則」があってこそ、成立します。

ちなみにこの「プレーモデル」が必要なのか。「プレーモデル」にも注意が必要で、そもそも論として、日本としての「プレーモデル」が必要なのか。国単位でそれは作られるべきものなのか。ここのところはまだわたしの中でも整理がついていません。「サッカーの原則」が当たり前に認知されれば、プレーモデルはそれぞれ違ってもいいのではないか、共通言語を「プレー自体」に求めてはいけない、のではないか。
・・・・・
そんなふうにも感じます。

いずれにしても、こと重要視される「プレーモデル」も「サッカーの原則」があればこそ。やはりこのポイントは見逃してはいけません。

「サッカーの原則」を見れば、サッカーを見るポイントも変わると思います。それは、選手の頭の回し方、思考に近づいているからです。

ということで、この章の最後に再びLiveでのやりとりを記しておきます。ここまでの疑問の解消と整理に役立ててください。

LIVE-2

ロストフの14秒への疑問

コメント　「守備の原則がわかりました」

岩政　そうなんです。例えばですね、カウンターは、野球のように「いまからボールを投げまーす」って始まるわけじゃない。突然パッと起こったときに、しっかりと「判断」して行なわなければいけない。「プレー原則」をもとにプレーしながら、そこからくる判断――例えばデブライネ選手が右利きか左利きかでも変わりますし、ルカク選手とアザール選手のどっちのほうが決定力が高いのかでも変わりますし、シャドゥリ選手の対応が誰なのかによっても変わります。それを瞬時に判断しなきゃいけないのがサッカーで、ここが非常に難しいところなんですね。

コメント 「(監督の)西野(朗)さんは選手のいいところを出せ、みたいなスタンスで、山口選手はもっとも得意なプレーをしたけど相手が上回ったと思っています」

岩政 ありがとうございます。ここですね。日本サッカーでそういうご意見はよくあるんです。鹿島(アントラーズ)の話もそうなんですけど、監督がどうこう、選手がどうこうって話ですね。でもそれ以前の問題なんです、これ。

突然**パッと起こった状況で体が反応しないといけないんですよ。原則っていうのは毎日練習の中で落とし込まれていて、自然にできないといけない。**「どうする予定なんですか」って言ってる間にも攻められているので。だから体に染み付いてなきゃいけないっていう面では、もっと深いところから毎日の練習の中で落とし込まれていないといけなくて。この原則がしっかりと押さえられて、毎日練習があって、同じ会話が選手たちの間で毎日あって、このときはこうだよねって意思統一されていないといけなくて。日本においては特に。

特に、(日本)代表は集まってすぐに試合をするんで、こんなことはいちいちやらないんです。システム、メンバーの置き方をやるだけです。だからこそ、日本サッカー全体で、「対世界」となったときの原則をしっかりと押さえましょう、ということをやりたい。この原則を押さえたうえでやられました。で、やられたときにはじゃあ「判断」をこうすれば良かったね、もう少し「技術」（能力）を積み上げれば良かったねって話に、はじめてなるんですけど、「サッカーの原則」を押さえていなければ、その話が変わってきてしまうんですよ。根本の部分を押さえずに、ここの部分（「判断」「能力」）の話をしてもいたちごっこなんです。

確かに、山口選手が下がったとしても失点したかもしれません。原則にのっとって守ったけれど、キレイに打たれてやられました。これは、この状況でも当然あるんです。だから正解なんてものはないんですけども、ただ原則をもとにプレーしましたか、ってことをまず問わなきゃいけなくて。

そのうえで「判断」はどうでしたか？ どこを選手たちは間違えたんだろう？ってことをしっかりと認識したうえで話をしないといけないということです。

コメント 「岩政さんはその原則はどの年代で身につけましたか？」

岩政 例えばこの3人の守り方（原則1）なんかは、自分たちで喋りながら（見つけていく）というのがまずありましたね。大学サッカーのころです。本当はこれ、全員が当たり前の話として押さえるべきだと思うんですけど、Ｊリーグで入ってくる若いセンターバックたちもですね、知らないことが多いです。

コメント　「原則って監督によって違うんだと思っていました」

岩政　はい、ありがとうございます。「約束事」は監督によって違うと思います。でも（サッカーの）原則は一緒です。

日本において（その必要の是非は別として）「プレーモデル」を決めるっていうことは、つまり原則をどうしましょうか、ということを決めることですね。身体能力において劣る日本が、例えば最後に「ポンっと出されてズドーンといかれる」ようなシーンをなくさなきゃならない。そのためにどういうふうな「原則」を押さえなきゃいけない？ってことを話すことです。なのでぜひここで語りながら、しっかりと作っていきたいなっていうね、みなさんと話していきたいなっていうことですね。

コメント　「スペインなどには育成年代から原則が浸透している」

岩政　そうですね。原則だけでもいいんですよ。原則を押さえていれば、プレーのことは選手たちが勝手に、「あぁ、あそこでもっと判断をよくすれば良かった」とか「もっとフィジカル上げて筋トレしよう」とか「もっとテクニック練習しよう」といったふうに、自分で考えるんですよ。

よく、**決まり事を多くしたら考える選手が育たない、という人が多いんですけど、「判断」(や「技術」「フィジカル」)を教えようとするから考える選手が育たないんですよ。**「お前らあっち出せよ」とか「お前あそこ見ていたか?」「あそこに出せば良かったんだよ」……とか言い出すと、考える選手が育たなくなる。

監督に言われたことを「やらなきゃ」、となるんですけど、原則を言い続けることと考えることとは別ですからね。ここはしっかり押さえたうえで、「判断」とか個人で伸ばす部分は、解き放してあげる。

コメント　「監督の指示と選手の判断が違うときがありますよね」

岩政　あー、そうですね、そうそうそう。まさにそういうことですね。監督の指示と選手の判断が違うときがある、このときに監督が、選手の何が違うのか、チームとしての狙いと何が違うのか、ということを、この3つ(「サッカーの原則」「判断」「能力」)のうちの(監督は)どこに対して指示を出したんですか? ということをしっかりと考えなければいけないですね。
しっかり走りなさいと言ったのか（「技術」「フィジカル」）、しっかりと「判断」しなさいと言ったのか、あるいはおおもと（「サッカーの原則」）のところに問題があったのか。ここを指導者が認識しないといけない、と思います。
って、なんとなくわかります？　聞いてくれって（スタッフから）指示が出てます（笑）。

コメント　「わかりやすいです」「わかりました」

岩政　おお！

コメント　「聞きながら勉強します」「わかりました」

岩政　ありがとうございます！　あの……幅広く、ちょっと深いところに見えるかもしれませんけど、実は選手たちはたいして深いことは考えていないです、ということをみなさんにわかっていただきたいな、と思います（笑）。

２０１８年12月「ＰＩＴＣＨ ＬＥＶＥＬラボ」配信

第1部

PART.1

第2章

CHAPTER.2

原則は何を変えてくれるのか？

～世界から見た日本サッカー～

2-1

自分で判断し、結果に責任を持つ

わたしが鹿島アントラーズでプレーしていたとき、小笠原満男という選手がいました。日本代表として長きにわたり活躍、鹿島においてはその哲学を体現する第一人者であり、いまでも一目置かれる存在です。そのすごさはこれまでもいろいろなところで書いてきたので、ここでは触れませんが、満男さんが引退すると耳にしたときに思い出したことがありました。

プレイヤーとしての満男さんは、自ら動き出したいタイプです。よく試合を観られていた方は、守備のスイッチを先頭に立って入れる姿やボールを引き出してチームの起点になっていく姿を覚えていらっしゃると思います。

わたしは後ろからそれを見ながら、満男さんがあえて崩していくチームのバランスを調整していくのが仕事だと思っていました。ときに自分で、ときに他の選手を使いながら、満男さんに要求をするのではなく、周りでそれをするようにしていました。そうすることで、満男さんには満男さんの感じるタイミングで、満男さんが感じるプレーを出してほしかったのです。

それを果たせなかった1プレーがありました。それは、わたしがアントラーズでのプレーを終える決定打となった試合です。悔しさもあって封印していたお話を、ここでご紹介してみたいと思います。

それは2013年の夏、川崎フロンターレとのアウェーゲーム（第14節）でした。ナビスコカップ（現ルヴァン・カップ）で横浜F・マリノスに敗れ、敗退した直後のリーグ戦です。

結果から言うと、わたしたちは「風間サッカー」（当時・フロンターレの監督だった風間八宏さん）のもとで躍動する大久保嘉人選手とレナト選手に振り回され、2対4の大敗を喫しました。わたしはその試合の終盤に交代を命じられ、それ以降一度もスタメンのチャンスを与えられませんでした。

ちなみに、それ自体は予期していたことでした。セレーゾ（当時・アントラーズの監督）は「イエスマン」を求めていました。自分の考えるやり方に物申すのではなく、言われたとおりにやる選手を欲しました。わたしはそれにある意味で反発していました。言われたとおりにやるだけでなく、失点の確率を低くする他の方法があると判断したなら、それは選手の特権として迷わず自分の判断を選んでいたのです。

別にセレーゾに対して反旗を翻した、ということではありませんよ。むしろ、（大卒で入団した2004年から一緒でしたから）彼のやり方をよく知る者として若い選手にそれを伝える役割を率先してやっていました。セレーゾのときだけではありません。アウトゥオリのときもジョルジーニョのときもオズワルド（・オリヴェイラ）が監督のときも同じです。わたしは言われたことを遂行しながらも、自分なりの「判断」を大事にして生き残っていました。それがわたしのやり方だったのです。

ただ、自分の「判断」でそれをやるなら、結果に対して責任を持たなくてはなりません。結果が出なかったときに真っ先に槍玉に挙げられるのは、監督の求めるやり方をしなかった選手です。わたしはセレーゾのことはよく知っていましたから、結果を出せない時期が来れば外されるだろうと予期していました。ただ、あそこまでノーチャンスだとは思いませんでしたが（笑）。

話を戻します。セレーゾ監督がわたしを見切ることになったひとつのプレーは——これはセレーゾに確認したわけではありませんが、きっとそうだろうと思っています——相手にリードを許した後半のなかば頃だったと思います。満男さんがいつものように高い位置でボールに食いつきにいき、わたしの前がぽっかり空いたシーンでした。わたしは確かに、その瞬間、空いた前のスペースにボールを受けにいく相手選手（確か大久保嘉人選手だったと思います）が見えました。しかしそこはまだ相手陣地でした。「出るべきか止まるべきか」、一瞬躊躇《ちゅうちょ》したわたしはタイミングを逸し、前に出ることができませんでした。

その瞬間、満男さんはわたしに「出てこいよ！」と叫びました。普段ならそれを受け流せたのでしょうが、その試合でどうも体がフィットしない感触を覚えていたわたしは苛立っていて「いけないよ！」と言い返してしまいました。

言い合ったこと自体はたいしたことではありません。ピッチ内ではそうした要求が先輩後輩関係なく、そこかしこで行なわれています。

重要なことは、「自分の前に積極的に出て、相手を摑みにいく」というのはセレーゾ監督にとって譲れないチームの約束事だったのです。書いてきたとおり、わたしは、その約束事に対しても、自分の「判断」を大事にしていました。セレーゾの要求を理解して、それに応えるのはもちろんのこと、その一方で、場面によってはセンターバックとして「出るべきではない」とも思っていたのです。

しかし、このときの「一瞬の躊躇」で前に出られなかったプレーは、チームがビハインドを取り返そうとしていく流れを削いでしまったようにも感じました。わたしは嫌な予感がしたのでした。

そんな状態でプレーしていましたから、その後のプレーも終始、不甲斐ないものとなってしまいました。結局、86分に交代を命じられ、以降、わたしはその試合を取り返すチャンスを与えられないまま、悶々とした半年を過ごしました。それは翌年、タイでタイトルを取るまで続きました。

ＮＯ ＰＡＩＮ，ＮＯ ＧＡＩＮ（痛みなくして得るものなし）。

わたしはタイでカップを掲げるその瞬間まで、前に出られなかったその1プレーを、約束事のもとに下したあの判断を、ずっと思い返して苦しんでいました。ただ、判断に後悔はありませんでした。「それが自分」と言い聞かせて、ＧＡＩＮの日をひたすらに待ったのでした。

2－2 いい指導・批評には「選手の頭の中」がある

選手がふだんピッチレベルにおいてどんな「頭の回し方」をしているのか。「頭の中」を感じることはできましたでしょうか。

わたしは、セレーゾが体現したいサッカーと、そのためにすべきピッチ上での約束事を理解し、実行する中で「失点を低くする方法が他にある」と思えばその方法を選択していました。

これを第1章のキーワードに当てはめるとこうなります。

【わたしは、セレーゾが体現したいサッカー＝「プレーモデル」と、そのためにすべき彼の約束＝「サッカーの原則」を理解し、実行する中で、「失点を低くする方法が他にある」と思えばその方法を選択する＝「判断」をしていました】

結果だけを見れば、この「判断」は失敗でした。

原則どおりにプレーしていれば、あのシーンは防げたのかもしれません。

しかしそれらはすべて結果論です。このシーンについて「なぜ、前に来なかったんだ！」と指摘するよりも、「なぜ、岩政は前にいけなかったのか？」を想像することに意味があります。

この試合のわたしは明らかに体のコンディション、パフォーマンスが落ちていました。「フィットしない感覚」と書きましたが、（第1章のキーワードでいう）まさに「能力」の部分に問題があったのです。その点、以降、わたしをスタメンで使わないというセレーゾの判断は正しかったのかもしれません。

つまり、真にチーム力を向上させる批評・指導というのは**「選手の頭の中」**が想像できているかどうかにかかっています。

「なぜ、岩政は前に出なかったのか」

頭の中を覗き込むのです。


例えば、指導について、練習メニューで語ろうとすることがあります。

得点力を上げるための練習メニューを知りたい。

連携を深めるための練習メニューを知りたい。

ときには、バイタルエリアで相手をフリーにさせない練習メニューを知りたい、といったかなり細かいものもあります。

けれど、練習メニューというのは、原則を落とし込むためのものであり、それだけで何かが成り立つものではありません。もちろん、いろいろなチームの練習メニューを知り、それに学ぶことは情報収集として必要です。けれど練習メニューそのものが重要なわけではありません。ここでも大事なことは、「選手の目線」で考えてあげることです。

選手にどんなプレー、どんな判断をさせていきたいのか。そのための判断基準をあぶり出し、それが習得されるメニューを考える。そして、練習を見ながら、どんなタイミングでどんな声がけをするか。単純なパスコントロールの練習でも、声がけひとつ、声のトーンひとつでまるで違う練習になります。

指導者として練習前にしていることがあります。ひとりでピッチに出て、空気を感じ、そして、その日やってみようと考えた練習メニューをプレーする選手たちに入り込んで想像してみる。決して自分ではなく、選手たちの心理の想像です。すると練習のいろいろな想定が浮かんできます。こう声をかけたらこうなるかもしれない。いや、こうかな。なんて考えながら微調整を行ない、練習に向かうのです。

「現場」の気持ちになってはじめてひらめくものがある。

相手の中に入り込む。想像する。すべてに共通して大事なことだと思っています。

2－3 スペインの小学生がやっていること

さて、第2章がどこに向かっていくのか。混乱させてしまったらすみません。こうした「頭の中」――ピッチレベルにおける選手の頭の回し方――は、日本と海外でどう違うのかを説明したくて、その大事さについて書かせてもらいました。

「対世界」を意識したとき、強豪国がどういうことをやっていて、どんなふうに考えているのかを知ることは非常に大切です。言うまでもないですよね。

日本サッカー界において、昔からよく言われていたのが「スペインのサッカーは日本に合うのではないか」ということでした。

では、そのスペインサッカーの実態ってどうなんだろう、ということで、スペインで育成世代の指導をされてきた（2020年からヴェルディの強化部）坪井健太郎さんのお話を紹介したいと思います。

長年にわたりスペインで育成年代の指導を続けてきた坪井さんの言葉の節々には、「原則」の重要性と、そのベースにある「選手の頭の中」が垣間見られると思います。

話のサンプルが2年前の試合で、覚えていらっしゃらない方もいると思いますので、まず当時書いた見どころを、【事前考察】として掲載しておきます。ご参考まで。

2019年3月22日　コロンビア戦　0対1
2019年3月26日　ボリビア戦　1対0

※アジアカップ（1月9日〜2月1日）で準優勝に終わった森保ジャパン、約2カ月ぶりの代表戦。ワールドカップ予選に向けて、アジアカップでの課題を解消できるかに焦点が当たっていた。

事前考察

アジアカップ以来となる日本代表メンバーが発表されます。アジアカップで招集したメンバーは軒並み所属クラブで佳境にいますし、6月の南米選手権ではあまり選手を招集できないことが考えられますので、ここでどのような選手を呼ぶのか非常に興味深いところです。

アジアカップでは、森保ジャパンの引き出しの少なさを露呈しました。それを踏まえて、森保監督自身がまずどう考えたのか。この3月シリーズで見えてくるでしょう。

注目したいのはシステムと原則の噛み合わせです。システムをいくつ用意するか、ということはサッカーの本質ではありません。大事なのは、採用したシステムと、それを成り立たせる原則が選手たちの特性に合っていることです。アジアカップでは、4－4－2を採用していながら、「一番に人（相手）を意識して守備をする」という原則で選手たちがプレーしていて、それは決して日本の選手たちに合っているようには見えませんでした。

日本代表が4－4－2をやるなら「横のコンパクト」は必要不可欠。「横のコンパクト」という現象を成り立たせる原則をどう与えるのか。

それが現時点ではできないならシステムを変えるのか。変えたときのチームの絵は？

それを成り立たせる原則は？ ――アジアカップのおかげで見どころは満載です。

対戦するコロンビアとボリビアも不足ない相手です。

コロンビアはワールドカップ後に暫定監督のもとで試合をしてきましたが無敗。新たな若手も台頭してきて非常に強いです。そこにアジアカップでイランを率いた（カルロス・）ケイロス監督が就任しましたから、日本のことは十分すぎるほどご存じでしょう。どんな戦いを挑んでくるでしょうか。

ボリビアも近年はあまり結果が出ていませんが、昨年（2018年）からボリビアのクラブと兼任となった（セサル・）ファリアス監督は南米を知り尽くした名将です。以前、ベネズエラ代表を率いていたときには日本代表とも対戦経験があり、そのときは引き分けに終わっています。現在もまだ勝ち切るチームまでは作れていませんが、ここ最近はメンバーもだいぶ固定されてきて、安定した戦いができていますので手強いと思います。楽しみな2試合になりましたね。

×坪井健太郎「日本サッカー界の課題」

チャンスは偶然だったのか？

岩政　スペインでの指導は何年になりました？
坪井　11年経ちました（2019年当時）。
岩政　すごい。今回は、日本代表戦（事前考察）もあったので、そこで見えた原則的なこと——判断のいい悪いは別として——、こういうところがあったほうがいいんじゃないか、そしてスペインで指導されてどういうふうに見えたのかをお聞きしたいと思います。
坪井　はい。
岩政　指導者・現場目線で、この2試合をどう見られましたか。例えば、森保監督はこの2試合でスタメンを全員代えて臨んでいます。
坪井　チーム作りでいったらプレシーズンみたいなもので、どちらかというとテスト的な要素が強いだろうなっていうふうに見ていて。誤解をおそれずに言えば、結果は度外視してこのレベルの相手に各選手がどれくらいのパフォーマンスを見せるかっていうのを見た

坪井健太郎：1982年6月12生まれ。東京ヴェルディ強化部テクニカルストラテジスト。2008～19年までスペインのCEエウパロやUEコルネジャなどで育成年代を指導した。

かったのではないか。現場の目線ではそういう感覚です。

岩政　ということは、まず全員を使いたかった？　ファーストチョイス、セカンドチョイスと組み合わせを試した中で、例えば鎌田（大地）選手が1トップをやるなら南野（拓実）選手のほうが合っていたんじゃないか、とか……そういうところが見えたと思うのですが、そこはまず重要視していなかった、と。

坪井　たぶんそうだと思います。僕らのチームの場合、プレシーズンにおいては中心選手をベースに考えているんですね。日本代表で中心になるのは、今後のことを考えると中島（翔哉）選手でしょうから、彼を中心にどういう絡みを見せるのか。ディフェンスラインだったら冨安（健洋）選手を中心にどう絡んでいくのかを考えていくんですね。だから森保さんがどういう意図で選んだのか、直接聞いてみないとわからないところはあります。

岩政　0対1で負け、1対0で勝ったこの2試合はどういう評価ですか。僕はちょっと停滞感を見たのですが。

坪井　日本代表のレベルだったら、90分の中で「今日の相手の守備方法と自分たちのラインナップ、個性を見たときにここがチャンスだな」というのを感じ取って、**一回うまくいった現象を再現性をもってやれているのか、**を見るんです。実際、この試合（ボリビア戦）では左の中島、乾（貴士）選手の足元にボールが入ったときにチャンスができる、という現象は見えていた。

具体的に言うと、相手の守備を一回、反対に寄せておいてからのサイドチェンジです。特にボリビアは強めにスライドをしてきたので、右サイドで作って、相手がスライドしてきたところからサイドチェンジをして、中島、乾。タイミングによってはサイドバックも上がって二対一を現象として作れていました。重要なのは、この形が自然発生でできているのか、チームの中で「共通理解」を持ってやっているのか、です。

岩政 まさに。その点で言えば、「共通理解」としてチーム全体でこの形が描けていればもっと「スピード感」があっても良かったと思います。僕は、「よし右で作っていくぞ」「乾に振るぞ」「この瞬間にどうやっていこうか」「ここでスピードアップしようぜ」っていうところまでは移行できてなかった気がするんです。

坪井 個人頼みな部分がありましたよね。**「約束事」**があるというより、ピッチの中で感覚でやっているのかな、とは思いました。でも、逆にここは**一対一で任せるっていう約束**があったのかもしれませんが。

岩政 なるほど。

坪井 想像でしか話せないですけど、もし左を起点にして、二対一を作りましょうっていうプレーモデルなりコンセプトがあるとしたら、サイドチェンジしそうなときには、サイドバックが上がっていったり、場合によっては中に入ってもいいと思うんですよね。岩政さんから見て、スピード感がなかったとしたら、そこは、選手が自由にやっていたのかもしれません。

岩政　そう見えましたよね。2回くらいこの形でチャンスになって以降、（サイドチェンジのボールが）出た瞬間の「中の選手」（の動き）を見るようにしていたんですけど、出た瞬間には動かないんです。乾に（ボールが）いったあとに「よし、どうしようか」って（中に）入っていくので、相手のスライドが間に合ってしまう……。最初、乾がドリブルでシュートまでいったじゃないですか。

坪井　ありましたね。

岩政　あれ以降、ボリビアはここに対しての意識を強めたと思うんですけど、逆に日本は次の手が出てこなかったなっていうのは、そんなにチームとしてっていうよりも自然発生的だったんじゃないか、と思いました。アジアカップを含め、**「チームとしての全体の絵」**が提示されていないな、とずっと思っているんです。

「10〜15分」で一度目の見極めが必要

坪井　選手の感覚としてはどうなんですか。例えば20分か25分くらいしたら、今日の自分たちの状態と、相手の状態を見極めてここポイントだなっていうのは感じるんですか。

岩政　あります、あります。前半10〜15分経ったあたりでひとつめの見極めをして、「こういうふうにやろう」「この辺を突いていこう」と考えます。前半をとおして同じことをしてしまうと何もできずに90分が経ってしまいますから、前半の途中で変化をさせることは意識します。

坪井　シーズンをとおして戦っている場合は、5、6試合もすれば、試合の運び方ってひとつ形ができるものですよね。そうすると着手し出すのは、**バリエーションを作りにいく**ことなんですね。うちのチームだったら、2、3個は作ります。（この2試合の代表のような現象が起きているとすれば）相手右サイド攻略のバリエーションになるわけですが……、代表は時間がないのはあるにしても、でもやっぱり「日本代表」なんで、それを知ったうえで、この試合を迎えなきゃいけない。じゃあ実際の試合はどうだったのかが議論のポイントですよね。

岩政　坪井さんがおっしゃるとおり、代表は数日間の練習で試合をしなければいけないっていうのがありますよね。でも、そうであるのであれば、なおさら、具体的に指示を出しておかないと、何も見えてこないんじゃないかなと思っていて。この試合も、中島選手まで到達することは多かったんですけど、ここからを選手任せにしてしまうと迷ってしまう。（中にいるのが）香川（真司）選手と宇佐美（貴史）選手ですから、ゴールに到達する絵としては「クロス↓競り合い」ではない。であるならば、絵を揃えなきゃ、いいタイミングで（ゴール前に）入っていけないと思うんです。絵が揃っていないから、丁寧にいこうとして「後ろ」への展開が多くて。大きい選手がいないのであれば、危険性の高いボールを早めに入れていくのか、そこに合わせていくようにするのか、味方を探すより敵を外すような攻め方をするしかないような気がする。そこの共通理解くらいは持たせてあげたほうが良かったのでは、と。

坪井　例えばクロスからのポイントは「ニア」「ファー」それから「ペナルティ」のところへ3人が役割分担して入っていくっていうふうになると思うんですよね（図12）。で、小さい、競り合いに強くないという前提だったら、ひとつの方法としてセンターフォワードの鎌田選手がニアを狙って、この選手（相手ディフェンダー）を引っ張っていく、そしてセカンドラインのところに低いボールを入れる。もしくはクロスさせる動きをして攪乱《かくらん》させてチャンス作る。――そういうバリエーションはあるんだけど、ポイントはこの3つだよ、と。そういう大枠の**「決め事」**を作っておけば、代表レベルであればできるんじゃないかなと思いますし、僕のチーム、スペインのユースの選手たちでもこのあたりの「決め事」はけっこうやっていますね。

岩政　なるほど。

坪井　はい。1、2、3つのポイントと、もうひとつはこぼれ球。この4つのポイントは絶対に入ってくる。これは「決め事」で、もっと言えばボランチの選手が絡んでいき、最終ラインはボランチとトライアングルを作って警戒、（もうひとりの）ボランチは内側に入

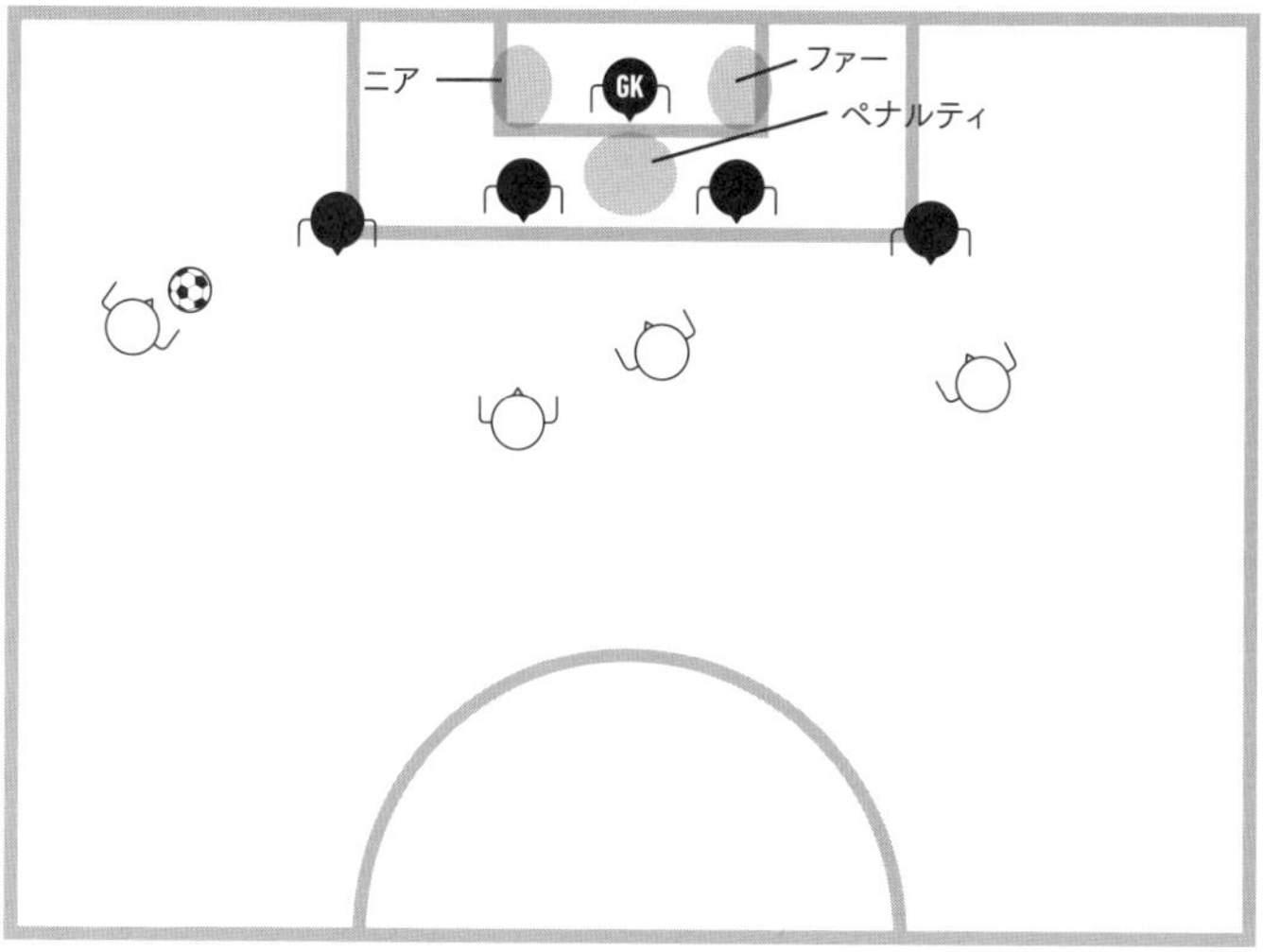

［図12］

っていく……というような「決め事」は、**全体の絵はできた中で動いていますね。**

岩政　これは伝え方なんだと思うんですよね。試合中にベンチから細かい指示は出していられないわけですから、試合前に**「判断基準」**を示して、「ここと、ここと、ここ」って言っておいて、試合の中ですぐわかる――例えば、ゼスチャーとかですね――与え方をしておかないといけない。森保ジャパンはまだ、選手たちが同じ言語で喋れる「判断基準」がないというか、――ひと言で「いまのこうだぞ」「こうだろ」って誰かが言ったら「ああ、そうですね」ってわかるような言葉がないように見えます。

坪井 これは日本サッカー全体の課題じゃないですか？

岩政 やっぱそうですよね。

坪井 よく聞く話ですよね。

「二対一」は7歳で学ぶもの

岩政 スペインでは、小さいころから落とし込まれることが多いですか。

坪井 例えば「二対一」ではがして引きつけて出すとかっていうのは、7、8歳くらいからやらないといけないです。

岩政 7、8歳？

坪井 「二対一」の状況でどういうふうなことをやるのか、**「引きつけずにパスしたら相手にスライドされて守られるでしょ」**っていうのは7、8歳くらいからもうやりますね。

岩政 ほぉ……。

坪井 個人戦術なんですよ、これ。「二対一」の状況でどうするか、というところから始まって、今度は「三対二」になって……。小学生年代の7人制サッカーで少ない人数での**全体像を一回学ぶ**んですね。バルセロナの子どもたちだと3－2－1というシステムでやっていますけど、2－3－1が多いですかね。この7人制で、「二対一」で（相手選手を）

引きつけてパス、を繰り返す。「二対二」の戦術を使いこなすことで一応サッカーがちゃんと3ラインになって、真ん中とサイドがあるという全体構造を学べるようなサッカーをやるわけです。

岩政　まさにサッカーの原則的なことですよね。つまり**各エリアで数的優位を作る**。「二対一」の絵ができた瞬間に引きつけて（パスを）出すことができれば全体が崩れていく。

坪井　そうそう。

岩政　日本の育成年代――7、8歳の頃ってひとりで一対一を外せ、ドリブルだ、みたいなことがメインになりますもんね。

個人戦術3つのポイント

坪井　この人数だったら、個人戦術さえ成立してれば大概うまくいくんです。カタルーニャだと3つの個人戦術があるんですよ。ひとつが幅、ふたつめが深さ、そして3つめがマークを外す動き。幅っていうのは横幅のライン、深さは縦のラインです。寄りすぎちゃうと相手は守りやすいわけだからボールと深さをもって離れましょう。ボールと幅を持ちましょう。まずこのふたつ。そして、マークにつかれるから今度はマークを外す動きが必要だよね、となります。一回抜け出して受けてね、とか、同じようなアクションをするとか。

この3つさえ押さえておけば基礎は整うというふうに考えられています。

岩政　確かに。

坪井　7、8歳くらいでこれを徐々に言われながらサッカーをするので……。

岩政　そうか。概念がなんとなく……、そのときに理解できなくても、**頭の中に残るように育っていってる**ってことですよね。

坪井　そうですよね。

岩政　今回のボリビア戦の前半、三浦（弦太）選手や香川選手もそうだったんですよね。「二対一なんだけどな、このエリア」ってずっと思いながら見ていた。もちろん、（センターバックに戻す、受けるを）ボールを触ってるっていう感覚のときはいいんですけど、あまりに多かったなっていうところは気になっていたんですよね。これは2戦とおしてですね。

坪井　それをなんのためにやっているのか、という部分が大事じゃないですか。例えば香川選手が「足元に来い（出せ）」というとき、（相手ディフェンダーを）引きつけるためにやっているのであればいいんですよね。

岩政　そうですね。

坪井　ここがものすごく大事だと思っていて。なんのためにポジションをとっているのか。なんのためにボール入れているのか、という部分をもう少し整理していくとスムーズになっていくと思います。理論的な話になりますが、**「戦術意図」**という言葉があるんです。

攻撃だったら5つの戦術意図があって、

1．ボールを保持すること

これはチームでも個人でもそうです。

2．前進すること

3．フィニッシュしにいくこと

残りのふたつが補足的になるんですが、

4．相手を引きつけること

5．相手の守備を攪乱すること

この5つの「戦術意図」によって各選手が「何をするのか」が決まってくるんです。例えば、いまの香川選手の話で言えば、相手を引きつけるためにボールに対して寄るサポートをして、相手を引きつけて、トントン（受けて、戻す）。で、スペースができるから入れる——となれば、ボールが前進して、守備も分断される。こうやって、各選手、各ユニットが何のために何をするのかが僕はすごく大事だなと思っています。ただし、日本の選手は育成も含めて、感覚的にやっている選手が多い印象ですね。

岩政　そうですね。

坪井　現象だけを評価する傾向という話が出ましたけど、この「戦術意図」をもってちゃんと評価しないといけないと思います。いまは引きつけるためにマークを外しているんだよ、と言えるか。ここはすごく大事なんですよね。

岩政　僕もここはすごく興味があります。特に育成年代でこういう原則的なことを落とし込んでいったらどのくらいのスピード感で中学生・高校生が伸びていくんだろう、と。実はこれからその世代を教えるんですけど、坪井さんの話のように「意図が5つです」みたいに言ってもらえれば選手たちもわかりやすいですね。いま、何のどれをやっているんだっていうところがわかるし、その後、同じ会話で「いまは俺はこれだった」ということが整理して話せる。そこが大きいですよね。でもこれって本来、日本人が得意なことのような感じがするんですけどね。

坪井　そうですよね。めちゃくちゃ頭いいんじゃないですか、日本人って。だからすぐ理解してできるようになると思いますよ。ものすごいポテンシャルのある民族だなって思いますもん、最近。

岩政　スペインから見てもってことですよね?

坪井　そうですね。ボール扱いがうまくて、戦術理解度が高い。最強ですよ。もちろんそれがすべてではないですが、けっこうな世界レベルのポテンシャルを持っていますよ。

立ち返る場所はあるのか

岩政　その点でアジアカップはどう見られていましたか。例えば決勝のカタール戦。
坪井　カタールのサッカーはヨーロッパに近かったですよね。
岩政　個人的にはヨーロッパのサッカーを特別に美化する必要はないと思っています。とはいえやっぱりトレンドはヨーロッパから生まれ、日本にはどうしてもタイムラグがある。その点でいま、ヨーロッパで起こっていることって、戦術というよりも**具体性が明確になってきてる**ような気がするんですけど。
坪井　「**立ち返る場所がある**」っていうのはひとつのキーかなと思っていて。いまのヨーロッパのサッカーは、すごく多様性が出てきていると思うんですね。試合中のシステム変更も多彩だし、可変性も多彩だし、ポジションチェンジも多彩。だけど**カオスにならない**。
岩政　なるほど。カオスにならない。そこですね。そこが重要ですね。
坪井　そう。ちゃんと一つひとつ型があって、試合中に相手の出方を見ながらうまくチェンジさせていける。しかもそれが11人、もしくはベンチも含めてお互いに共通のイメージが湧いている、というのがいまのヨーロッパの傾向かなって思いますね。
岩政　カオスにならない。それはさっき言ったような、どんなシステムでやっても原則的なことが落とし込まれているからってことですよね。
坪井　そうです。先ほどの小学生サッカーの個人戦術がちゃんとしていれば、あとはちょっと立ち位置、スタートポジションが変わるだけ、みたいな感じです。

岩政　これがずっと僕も感じていることです。そういう原則的なことを落とし込んでいけばシステムを変えてもいけるんだろうなって。

坪井　いけます。僕のチーム、ユース年代でも試合中に3回くらいシステムが変わるんですよ。でも選手、対応するんですよ。それは個人戦術がうまくできているから。幅をとって、深さをもって、マークを外して、――連携の部分もありますけど、基礎的なことができている選手はいろんなシステムに対応できます。

岩政　結局、これがベースになったうえで、どうやり合うかっていうところがヨーロッパサッカーじゃないですか。そこまで日本が至っていないのが現状だと思うんですよね。だから……でも、育成年代が一番まず大きいですよね。

坪井　いや、でかいですよ。これレベルのことを14歳でやっていますからね。

岩政　そういうことですよね。

坪井　パワーもスピードもないけど、こういう「ずらし」の遊びを監督がチェスや将棋のように、しかも1週間かけて準備しているんです、リーグ戦で。それを年間30試合戦っていれば、プロになっても「あのときのあれ」って言えばわかるじゃないですか。（スペイン代表が時間のない）代表戦であああいうパフォーマンスになるのは育成年代からの積み重ねになりますね、やっぱり。で、話が戻ると、（バルセロナのスタッフが代表を率いている）カタールの選手たちはきっとこういう教わり方をしてきていて、アジアカップで見せたような「3バックにして日本を誘い込んでカウンターでいくぞ」って……。点を取った瞬間に顕著に引きましたもんね。それはもう試合の経験なんじゃないですかね。バルセロナにも遠征に来ているし、ヨーロッパの大会も出ているんで、そういう中で経験値を積んできているんでしょうね。

岩政 そっか、そうですよね。日本の場合、さっき森保ジャパンの話をしましたけど、森保さんどうこうっていうよりも、そもそも（スペインは）育成年代からの経験が選手たちに備わっている。（例に挙げた）乾選手のところに（ボールが）入ったというプレーがあった場合に、「あ、これは起こり始めたらここで終わってしまうんじゃなくて、次どうしようかな」「これなら、こっちをまずやってみようかな」「じゃあ次はこっちをやってみようかな」……みたいなことが、選手たちの頭の中で揃っていって、同じ絵で描かれるわけですね。小さいころからそういう話をずっとしているから。

坪井 そうですね。正直「えぐい」ですよ。小学5、6年生で相手にプレスをかけるときに中間ポジションをとって、誘って、ロングフィードを蹴らせる。後ろからバッバッバッってはめて、というのを7人制でやっていますから。とんでもないレベルです。見ていてめちゃくちゃ面白いですしね。

岩政 ええ～。

坪井 育成年代から大人にいくまでに……、じゃあ18歳を終えた段階で、判断してきた数って尋常じゃない数をしてきているわけじゃないですか。それを**基準がある中**でやってきているのか、そうじゃないのかって聞かれたら……。

岩政　基準がある中でね。

坪井　その積み重ねは大きいと思うんですよね。潜在意識の中に刷り込まれている領域だと思いますから。僕、スペインに行って、指導者のコーチングの仕方を学んでいるときに「あ、違うな」って思ったことがあって。それは、彼らが「まずこれをやれ」って言うんですよ。「こういうシチュエーションだったらこういうプレーを選択しろ」って言うんですよね。なぜなら相手の急所がここだから、と。でも、それがしばらくすると、相手も対応してくるから「じゃあ、もしもこういう状況だったらこっちを選択しろ」というプランB、違う選択肢を与えるんですよね。これはつねに「**相手ありきで判断すること**」を前提として指導が進んでいるということで、選手にとってもわかりやすいんですよ。

岩政　その年代でそこまで言われているんだ。

坪井　はっきり言いますね。

岩政　逆に言うと、そこまでのことを**全部、指導者がわかっていないといけない**ってことですよね。

坪井　そう（笑）。

求められる「指導者」の質

坪井　これはもう経験とか勉強の量になってきますよね。

岩政　とはいえサッカーの原則は……。

坪井　そう。絞られていきます。

岩政　そうですよね。

坪井　そうそう（笑）。

岩政　つまりは、（相手に）やられっぱなしの現象が続いていて前半が終わるとか、後半もそのまま終わるというのは、選手の問題もあるし、監督の問題でもある。

坪井　そうですよね。

岩政　歯がゆいですよね。

坪井　そうですね。10歳のチームの監督をやっていたとき、試合中に選手に言われたんですよ。とある選手のゾーンで一対二を作られているシーンがしばらく続いていたら、選手がベンチのところに来て「俺んところに2枚来ているからなんとかしろ」って。「あいつに指示を出して守備させろ」みたいなことを言ってくるんですよ、10歳の選手が監督に（笑）。

岩政　ほお……。

坪井　そこで指示が出せなかったらスペイン人の選手は「こいつサッカーわかってねぇ」って、信頼がなくなる。「わかっていない監督」というレッテルを貼られて、練習でも言うことを聞かなくなるし、試合のコントロールもきかなくなっちゃうっていうのがスペインの育成年代はあったりするから、そりゃあ指導者も鍛えられますよね（笑）。

岩政　日本だったら「そんなことを言わずに走れ！」って言いそうですけど（笑）。

坪井　ホントにそうそう（笑）。これは文化だから仕方ないけど、でも日本だったら指導者が「（選手が）言わないっていうこと前提」で、監督がちゃんと現象を分析する目を持たないといけないですね。

岩政　そうですね。だから言う、言わないは別にして、それがわかっていて、あえて言ってないのか、ここも差がありますよね。わかってなくて言えないのと、わかっているけどいまは言わずに見ているとき。

【PITCH LEVELラボ　2019年3月28日収録】

フル動画は
こちらから
➡

2－4

「原則」を分解する

いかがでしたか。スペインの選手たちがどういう「頭の回し方」をしているのか。現象に対して、意図する、しないの差はあるものの、あるベースをもとにプレーしていることがわかったのではないでしょうか。

坪井さんの言う「立ち返る場所」「判断基準」とはまさにそれで、サッカー文化が成熟しているスペインにおいてはそのベースを「育成年代」に植え付けています。まさに「サッカーの原則」といえるものです。

「対世界」「世界のサッカーの差」を考えたとき、この事実に目を背けてサッカーを語ることはできません。**選手たちの頭に原則はあるのか。指導者や監督はそれを提示できているのか。**そもそも、その**存在と重要性を理解できているのか**――。

海外でプレーする選手が増え、情報も入ってきやすくなりました。選手の質も上がってきています。日本のサッカーが成長をしていくために、この部分をしっかりと整理する必要があるときがやってきていると思います。

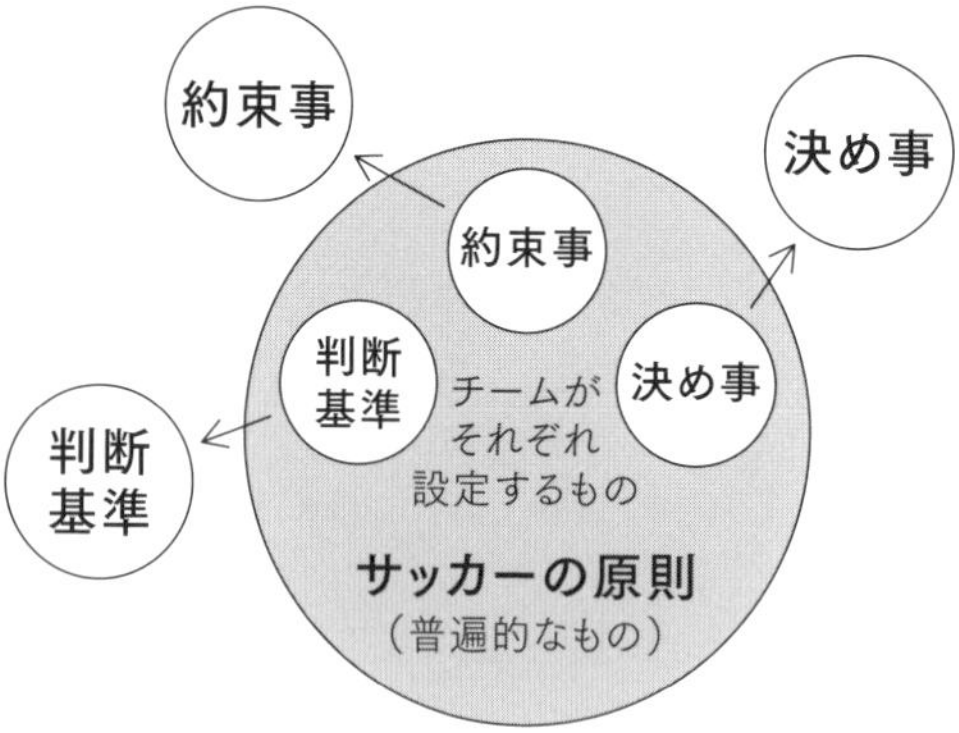

［図13］

さて、ここで改めて「サッカーの原則」を分解してみたいと思います。これまでも、それらしき意味の言葉――「判断基準」「約束事」「決め事」――がたくさん出てきましたのでね。

余談ですが、言葉にはそれぞれ持っているイメージがあります。ですから、この言葉じたいではなく、その裏側にある真理が重要であることに留意してください。

「判断基準」「約束事」「決め事」は、「サッカーの原則」を踏まえたうえで存在しています（図13）。ほとんどの場合は、「サッカーの原則」の一部になりますが、チームや指導者によっては「サッカーの原則」を踏まえたうえで、そうではない「判断基準」「約束事」「決め事」を設定することもあるかもしれません（図13の↓）。

いずれにしても、**「サッカーの原則」をしっか**

り押さえたうえで提示できているかが重要になります。

書いてきたように「サッカーの原則」は「こうなれば、こうなる」というもので、サッカーにおける原理原則になります。つまり、サッカーにおいて不変のものです。

とはいえ、国ごとに選手の特徴が違いますから、そこには誤差があります。そうなると、提示すべき人は、それぞれの国のサッカー協会のような大きな組織になります。これまで触れていますが、特に育成世代での提示は選手たちの「立ち返る場所」を作るという意味でも重要です。スペインのように、意識しなくても勝手に「立ち返る頭の回し方」ができるようになれば、それは非常に強いベースになります。

一方で、「約束事」「決め事」「判断基準」、これらは、**「サッカーの原則」をもとに作られた、チームごとのベース**のことです。多くの場合は、そのチームの監督や強化部、または選手たちが「勝つために」定めていくものになります。

ひとつ例を挙げます。

2021年4月14日、低迷を続けていた（わたしの古巣でもある）鹿島アントラーズはザーゴ監督が退任しました。新監督は相馬（直樹）さんです。

監督交代は毎年、さまざまなクラブで起こるものです。厳しい世界だと感じますが、確かに監督を代えることで「変化するもの」はあり、クラブの選択も理解できます。特にJ

1のクラブは、力のある選手たちを抱えていますから、戦術云々の前に、その選手たちを前向きにさせてあげる。そこに少しの結果が伴ってくれれば、ひとまず浮上のきっかけは作れる、ということなのでしょう。

さて、アントラーズの新監督となった相馬さんがまず整理したのは、**守備の「判断基準」**の部分だったと思います。先に断っておきますが、わたしがOBだからといってチームから内部の情報を聞いたわけではありません。試合を見て、起きた現象から推測しているものです。

守備に関しては、「人への意識から守備に入る」という考え方を、「味方との距離、つまりゾーン」に変えたと思われます。

それまでのアントラーズの守備というのは、セレーゾ監督時代から「人に付く」ことを求めてきました。個の能力が高い選手が多いチームですから、それでも守り切ることができた試合が多かったのは確かです。しかし、システムの急所がはっきりとわかり始めた現代サッカーにおいては（とくにアントラーズがメインとする4－4－2は顕著です）、明らかに対応が後手に回ることが増えていました。

特に多かった「現象」はゴール前にあります。「人に付く」ことで、センターバックがゴール前からつり出され、失点やピンチを招くことが増えていたのです。

そこで相馬さんは**「自陣ゴール前でサイドバックの背後にカバーに入るのはボランチ」**

と定め、センターバックがゴール前からつり出される課題を修正しました。そして「選手間の距離」を整理し、完全にゾーンに移行することで選手たちの立ち位置が「相手に動かされる」ことを少なくすることに成功しました。

つまり、守備の「判断基準」を「人に付く」から「選手の距離」に変え、また「約束事」として「ゴール前の守り方」を提示したわけです。

付け加えておくと、攻撃においても距離を縮めることを求め、それにより切り替えやプレスが効きやすくなることを説明したと思います。

攻守一体の、シンプルな「判断基準」が提示されたことで、選手たちはわかりやすかったのだろうと思います。（原稿執筆時点で）相馬監督体制以降、9戦無敗。それも横浜F・マリノスや名古屋グランパスといった上位チームを圧倒して勝利を収めています。

このように選手たちがピッチ上でプレーするうえでの「頭の回し方」を提示する。これが「判断基準」と「約束事」になります。

そしてこの「判断基準」「約束事」のおおもとには「サッカーの原則」があります。

例に挙げた相馬監督のサッカーで言えば、

「相手の攻撃がいいと、横幅68メートルを4人では守れない」（原則5）

「低い位置の守備は、ディフェンスラインの5人目が誰かを決めておいたほうがいい」（原則6）です。

具体的には「自陣ゴール前でサイドバックの背後にカバーに入るのはボランチ」と定めたと書いたところ。これが【低い位置の守備は、ディフェンスラインの5人目が誰かを決めておいたほうがいい】原則に当たります。

サッカーの原則は第3章にまとめていますので、具体的な内容を知りたい方は、先にそちらをご覧下さい。

ここでお伝えしたいのは、相馬監督は「こうなれば、こうなる」という「サッカーの原則」をもとに、現有戦力、相手の状況、パフォーマンスなどを加味して、「試合に勝つ」ために必要なチーム（アントラーズ）の「判断基準」「約束事」を提示したわけです。

これが「サッカーの原則」そして判断基準・約束事の関係になります。

2－5

「原則」はどうやって使うのか

サッカーは難しいスポーツです。だからこそ、それを噛み砕くために必要な言葉を考える必要があります。

この数年、すっかり日本の最強クラブとして君臨をしている川崎フロンターレは「試合の勝ち方」と「サッカーのやり方」を共に持ち合わせる稀有なクラブです。かつてのアントラーズは、「試合の勝ち方」を持っているイメージが強いでしょうが、「サッカーのやり方」もチームの中では明確でした。

常勝と呼ばれるチームにはそういうものが存在するのでしょう。

そうした強いチームを語るときに「全体像」で語られてしまうことが多くあります。例えば、システムの組み合わせ、連動、――ポジショナルなんかもそうです。

「(あるシーンを取り上げて) あの選手がこう動いたことで、別の選手がハーフスペースを使えている、そういう連動したシステムがきちんと提示されている」

確かに、そのとおりです。そしてそうした見方は非常に面白い。

しかし、ここで再三指摘している「選手の頭の中」で考えてみるとどうでしょうか。本当に全体の連動を俯瞰するように見ながらプレーをしているのでしょうか。

ピッチの中では、選手たち一人ひとりがプレーしているだけです。全体の戦術などを、その都度、頭に入れてプレーをすることはできません。**一人ひとりのプレーの集合体を全体で見たときに戦術やプレーモデルへとつながっていく**。実際、フロンターレの土台を作った風間監督も、サンフレッチェ広島の土台を作ったペトロビッチ(現・コンサドーレ)監督も、全体の絵を完成させるために、**個々の選手に目を向けて指導をしています**。

そして、その指導に必要な**噛み砕き方**こそ、わたしは「サッカーの原則」ありきであるべきだと思っています。

ですから、選手一人ひとりがどのように考えてプレーしたらその戦術やプレーモデルになっていくか。そこまでを考えなければ、結局、どんな戦術もプレーモデルも意味を成しません。

はっきり言ってしまえば、戦術やプレーモデルは少し勉強すれば、ほとんどが誰でもわかります。でも、ピッチの中はそんなことじゃない、というのが選手の気持ちですからね。だからこそ、指導者は個々の選手に目を向けます。そのときに「サッカーの原則」をきちんと提示することで、描いた「全体像」「全体の絵」を作り上げることができるわけです。

2－6 「原則」への疑問

プレー原則の重要性や、いま日本サッカーで語られ、指導されている「言葉」の立ち位置はご理解いただけたでしょうか。

腑《ふ》に落ちない部分などもあるかもしれませんので、ここでいくつか疑問にお答えしようと思います。「ＰＩＴＣＨ ＬＥＶＥＬラボ」で実際に聞かれたものです。

【疑問1】「決め事、約束事を作ると分析されやすくなるのでは？」

繰り返しになりますが、わたしが言う「決め事」「約束事」とはパターンのことではありません。原則的なことです。

このふたつは分けて考えなくてはなりません。

分析されるのはパターン。「ここにパスを出したらここに動いて、ここに展開して――」という「判断」の部分です。注目してほしいのは、それらは「相手によって変わらないもの」であるということです。「こういうときはこうしろ」と、「判断」を提示されてしまえば、分析されてしまうのは当然です。さらにはそれをずっと続けろ、と言われれば選手たちも息苦しくなってしまうでしょう。

よく例に出すのは、ゴールキーパーがボールを持ったとき（ビルドアップにおいて）、味方選手に対して言われる「開け」という提示です。なぜ開くのか？　その本来の意味は、相手からズレることでビルドアップにおける選択肢を増やすこと。しかし、「キーパーがボールを持ったら開け」と言われると、いやおうなしに開く選手が多く見受けられます。もし、相手も幅を取ってきているのであれば、中に絞ったほうが選択肢が増えるのは自明なのに、です。

「キーパーがボールを持ったら開け」、これはつまりパターンであり、判断への指示になる。相手からすれば、狙いどころになってしまいます。

一方で、わたしが「決めるべき」と言っているのは**判断のもとになるもの**たちです。

例えば、守備時の「頭の回し方」。一番に頭を回すのは「相手」なのか「味方」なのか「ボール」なのか。その中でそれらの回し方は状況によってどう変わっていくのか。

頭の回し方を提示すると、選手が同じ言語で喋ることができます。

日本代表を例にとるとわかりやすいと思います。

代表レベルの選手たちは、それぞれが「サッカー観」を持っています。（同じく守備の例で言えば）積極的にボールを奪いにいく守備をしたい選手、コンパクトさは保ちたいけどブロックを作って守りたい選手……その「頭の回し方」はさまざまで、どれが正解というものでもありません。そんな選手たちが揃い、しかもクラブチームと違い短期間のチーム練習で結果を出さなければならないわけですから、チームとしてそれを統一しなければ、同じ絵を描いてピッチで躍動することはできません。

だからこそ、原則を提示し、それをベースにして会話ができるようにする必要があるわけです。代表クラスの選手たちであれば、プレーエリアや判断基準をいくつか与えるだけで「同じ絵」を描くことは叶うはずですから。

【疑問2】「日本において原則を押さえられているチーム、選手は?」

例えば攻撃において、しっかりと相手のプレッシャーを外してパスを受けられるチーム・選手は原則的なことを押さえていて、体現できていると言えます。

国内でその筆頭に挙げられるのはやはり川崎フロンターレになるでしょう。選手でいえば引退されましたが(中村)憲剛さんと、大島(僚太)選手はその象徴です。ボール扱いがうまいふたりはその技術にフォーカスされがちですが、特筆すべきは「立ち位置」によって次に何が起こるかを想定しながらプレーできる能力だと思っています。

注目してほしいのは、ふたりのボールを受ける前の斜めのポジション取り(原則8)と、そこからからトップにくさびが入った瞬間にサポートに入る速さです。ここに技術的な精度が加われば、難しいプレーなどいらないことをとてもよく示してくれています。

ポルトガルへ移籍し、成長著しい守田(英正)選手も、ふたりと一緒にプレーすることで徐々にその立ち位置を獲得してきているように見えますし、田中碧選手などもそうでしょう。

ポステコグルー監督が率いていた横浜F・マリノスもチーム戦術がよく整備されており、

それは原則をもとに作られていたと思います。ときどき、選手のボールを受ける位置が相手の正面に入ってしまうことがあり（原則4）、停滞してしまう試合も見受けられましたが、試行錯誤を経て徐々にその精度は上がってきていました。本稿執筆時点では、退任された後のサッカーは見られていませんが、ただシティグループの一員であることを考えても、大きな変更があるとは思えないので、楽しみが大きいですね。

「守備の原則」でいえば、2018シーズンの前半戦から2019シーズンまでのサンフレッチェ広島は非常によく整備されていました。城福（浩）監督就任1年目の2018シーズンを2位で終えましたが、失点数は35とリーグ4位。3バックを導入した翌2019シーズンはそれに磨きがかかり、リーグ順位こそ6位に下がりましたが、失点数は29とリーグ2位（タイ）の少なさでした。開幕から7戦無敗、わずか3失点というスタートにはうなったものです。

このときのサンフレッチェの堅守を可能にしていたのは、「ボールを中心に誰がどのように立ち位置を取るべきか」が整備され、「みんなの足が止まらない」ことでした。

当時、わたしは試合を見ながら「もしかしたら城福さんは、これらを落とし込むために、就任1年目に4バックをしたのかもしれない」と考えたほどです。

3バック（5バック）は横幅を5人で守ればいいことから（原則5）、4バックに比べて自分のプレーエリアが少なくなります。守備的にはタスクが減ることで「守りやすい」わけですが、一方でどうしても足を止めてしまう選手が出てきてしまいます。事実、3バックをしていた頃のサンフレッチェ（城福監督前）はそれがウィークポイントになっていました。しかし、城福監督が就任し、まず4バックを採用してから3バックに移行したことで、（4バックのときのように）みんながつねに、いい立ち位置を取り続けようとする意識が見えていました。こうして原則をもとに落とし込まれたチームの堅守はそうそう崩されるものではありません。

FC東京も「守備の原則」がとてもしっかり押さえられているチームです。長谷川（健太）監督のチームはいつもそうで、この落とし込みは日本の指導者の中でもピカイチだと思っています。

2019シーズンには突如として現れたストライカーがふたりいました。伊藤翔選手（鹿島アントラーズ・当時）と藤本憲明選手（大分トリニータ・当時）です。伊藤選手は海外からプレーをスタートさせたことである程度その名を知られた存在でしたが、藤本選手はJ2、J3を経験した苦労人で、その活躍は多くのサッカーファンが驚いたところです。

このふたりのプレーを見ると、点を取るための立ち位置の原則をよく押さえていることがわかります。ボールが出てくるタイミングで相手の背中を取り、そこから相手を見て動き出しを変えるので相手からすれば摑まえきれません。ボールさえそこに入ってくれば、コンスタントに相手を外す術を知っているわけですから、ゴールを量産できるのも頷《うなず》けます。課題とすれば、展開の状況やチームの調子によってなかなかボールが入ってこないときにどうなるか、になるわけですが、いずれにしても彼らを見ていると、点の取り方さえ知ってしまえば年齢は関係ない。逆に言えば、もっと若い選手たちにそうした立ち位置を知ってほしいなと思います。

と、そんなことを考えていたところ、2021シーズンには、ゴール前で駆け引きを制するための立ち位置の原則を理解している若手ストライカーたちが活躍しました。際立つのが、アントラーズの上田綺世選手とマリノスのオナイウ阿道選手です。ふたりとも身体的な強さを持った選手です。そうした「能力」に秀でた若手ストライカーが「原則」をいち早く身につけたことでわかっていても止められない選手になりつつあります。今後の飛躍に期待しましょう。

【疑問3】岩政さんの経験の中で、原則を踏まえたうえで原則とは違う判断をしたプレーがあれば、成功例や失敗談を教えてください。

わたしは基本的に原則に忠実に判断するタイプの選手でしたが、それでも原則とは違う

プレーをすることはたびたびありました。先の鹿島のラストシーズンのプレーもそうですね。これは、のちの章で詳しく触れましょう。

正反対ともいえたのが闘莉王選手。彼はその時々の判断でディフェンダーなのにとても思い切りが良かった。それがことごとく成功していく姿を見て単純に「すごい」と思いました し、逆に言えば「自分とは違う」と思っていました。

闘莉王選手がいいプレイヤーだったことには疑いはありません。ピッチにおいては、「現象」、つまり結果がすべてです。

ですから大事なのは、原則とは原則に過ぎず、最終的には目の前の相手に対する、目の前のプレーで、もっとも勝つ確率の高いプレーを「判断」しなければならないということ。最終的に身体能力や技術がそれを決定づけることもあるでしょう。

しかしすべての分野においてレベルが上がっている現代サッカーにおいては、「原則」をもとに「頭を回せているかどうか」がチームビルディングや個々の判断能力の向上など、すべてにおいて重要な要素だと思っています。

【疑問4】プロ選手であっても「原則などまったく考えてない、意識のない人」もいるのではないかと思います。感覚的な選手で、それで一流になった人も多いと思います。原則を理解させることと、感覚を大事にする育成のバランスはどう考えますか。

実際の現場においてこの視点は非常に重要です。そして、本書において【第2部】として設けさせていただいた後半はまさにこの点について書いています。詳しくはそちらに譲るとして、まずは簡単に紹介をしたいと思います。

大前提として**原則について選手は言語化できている必要はありません**。プレーするのが仕事ですから。この仮説を検証するために「天才」と呼ばれたふたりの選手と鼎談《ていだん》をしました。

指導者が原則をきちんと理解し、それをトレーニングに落とし込めていれば、選手は自然と「原則をもとにしたプレー」を選択できるようになるはずです。この仮説は「オシムサッカー」を分析することで検証しています。オシムチルドレンの筆頭であるふたりに話を聞いています。

とすると**原則への理解の重要性が高まるのは「指導者」**ということになります。そして、それを理解し、トレーニングに落とし込むことは、とても難しい。いい指導者は、このマネジメントがしっかりしているのだと思います。

繰り返しになりますが、サッカーにおける原則や戦術的なことは少し勉強すれば、すぐわかるようになります。しかし、それを言葉で説明できるだけでは、現場で有効なものにはなりません。指導者においては、加速する現代サッカーのスピードの中で、選手たちが反応――つまり**無意識レベルでプレーを行なえるように導かなければなりません。**

選手目線でいえば、例えばわたしは原則的なことを誰かに教わったわけではありません。そのほとんどを自分で考えながら導き出しました。実際のピッチで、プレーで感じ、起こしたアクションに対してどういう現象が起こったのか。振り返り、他の選手たちのプレーを確認し、海外のトップレベルはどうしているのか――。そうやって自分で考える。すると確実に「こうなれば、こうなる」が見えてくるものです。

わたしは別として、トッププレイヤーの頭が非常に整理されているのはそうやって「自分で考える」ことができていたからでしょう。加えて言えば、昔に比べていまはそういう選手が増えてきているイメージがあります。

つまり、原則的なものは、いちいち教えなくても、自分で考えられる選手を作ることができれば、各々が自然と見つけていくものでもあるわけです。

日本サッカーの問題はそのバランスが偏り過ぎてしまっていることなのだろうと思います。**「自分で考える」。そのために教えない。あるいは真逆のアプローチ——全てを教える。**どちらかに振り切れてしまっている指導者が多いように感じます。

「原則」と「判断」を分けて話すことはこうした現状に有効です。

指導者が与える（教える）ものは原則。それはプレーするためのコツみたいなものだからです。そのうえで選手に考えさせるところは判断。

そうすれば「考えさせる」と「教える」のバランスが取れるのではないでしょうか。

と、疑問と話が逸れて来ましたので次にいきましょう（笑）。感覚的なプレーについて先に知りたい方は、第2部へ進んでください。

ここまで、「サッカーの原則」の重要性に焦点をあてながら、実際のピッチレベルでごちゃごちゃになってしまったプレー、指導、解説の問題点を「選手の頭の回し方」をもとに分析しました。

第3章では、具体的な「サッカーの原則」を紹介します。

第1部

PART.1

第3章

CHAPTER.3

サッカーの原則 〜「こうなれば、こうなる」とその先〜

3-1 ピッチにおいての「こうなれば、こうなる」

この章では、実際に「サッカーの原則」といえるものを紹介していきたいと思います（原則1、2はすでに紹介したので、それ以外の7つをここにまとめます）。

書いてきたように、わたしはこれらを自分なりにサッカーを追求する中で考え、学んできました。すべてはチームが勝つために必要なものでした。

そこに現役引退後に始めた「PITCH LEVELラボ」というインタラクティブな場で、多くの方の視点を融合していきました。この2年は、高校そして大学と指導現場をメインに据えたことで、それらを落とし込む作業をしながら原則の整理できたと思っています。

さて先にいくつか注意点を。「立ち位置」は現代サッカーに限らず、ずっと重視されてきたものです。どこにいるべきか、はフォーメーションや、数秒先の未来予測、そして相手選手の状態——例えば、目線はどこにあるか、どういう態勢か——などさまざまな要素を総合したうえで決まります。ですから、「立ち位置」を、「場所」として捉えるだけでなく「ダブルボランチ（フォーメーション）の、ボールを取れると判断している選手（未来予測）と、ボールに対して半身の選手（態勢、体の向き）の間」というような、イメージで考える必要があります。

ですから、「サッカーの原則」には必ずその要素が含まれていることを忘れないで読み進めてください。そうしないと、「こうなれば、こうなる」が、机上の空論のように見えてしまいます。

またサッカーのピッチはふたつの方法で区切られます。ひとつが横にピッチを3分割したもの（図14）。それぞれ、アタッキングサード、ミドルサード、ディフェンシブサードなどと言われます。ここでは、この分け方による場所を「エリア」としています。もうひとつがピッチを縦に5分割したもの（図15）。順にサイドレーン、ハーフスペース（ハーフレーン）、センター、ハーフレーン（ハーフスペース）、サイドレーンと呼ばれます。この縦の分け方による場所を「レーン」としています。

ということで見ていきましょう。

［図14］

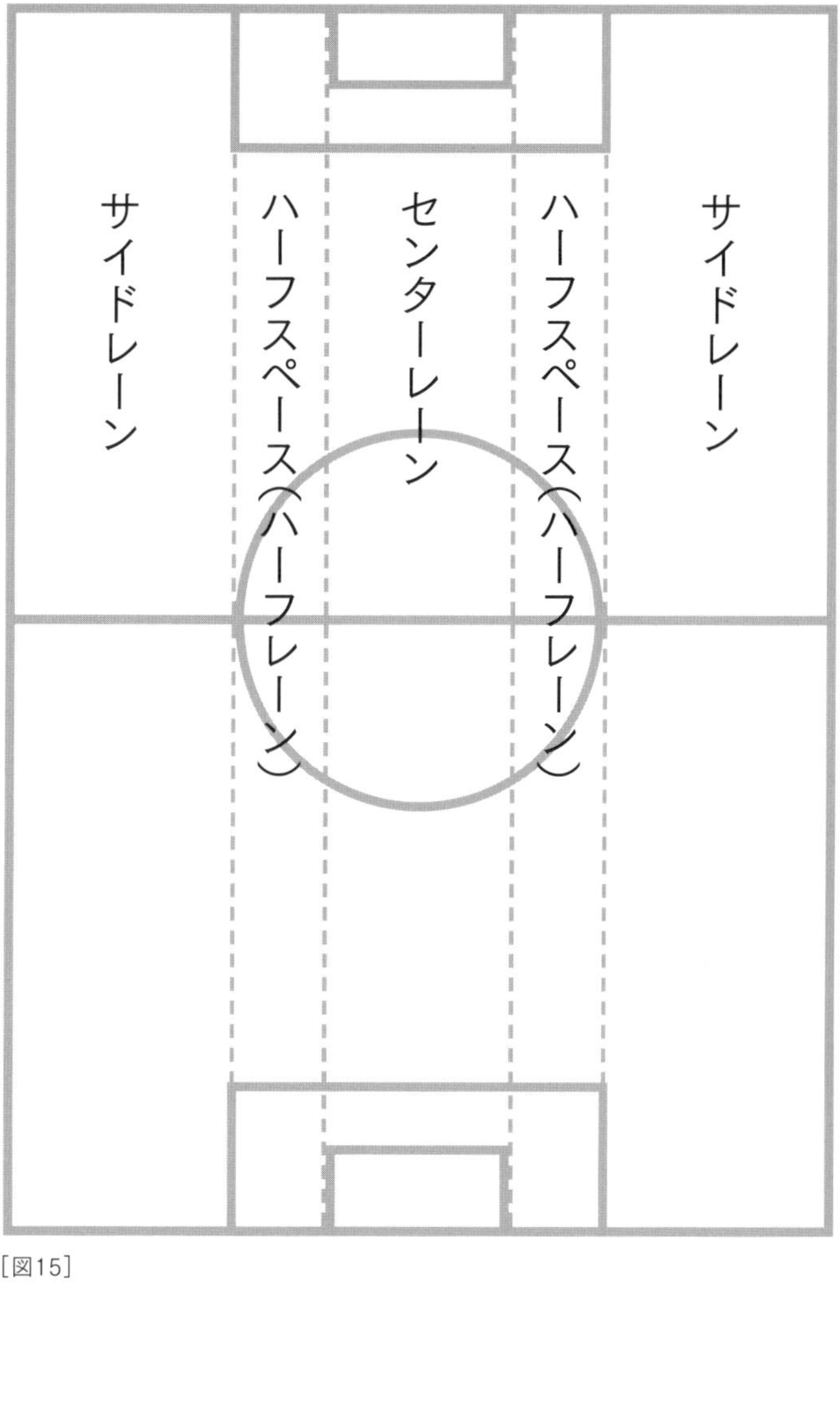
サイドレーン
ハーフスペース（ハーフレーン）
センターレーン
ハーフスペース（ハーフレーン）
サイドレーン

［図15］

原則 3

「ボールを受けるときに、正面からアプローチを受けない」原則

ボールを受けるときには、相手に正面からアプローチを受けないことが大事という原則になります。

これは守備の原則の逆です。昔から言われている守備の原則として「ディフェンダーは、相手のボールを受ける選手、ゴール、ボールを持った相手を結んだ線上に立ちなさい」というものがあります（図16）。守備時に、このライン上からズレたポジションに立っていると、相手に逆を取られやすくなるからです。この原則を裏返せば、攻撃の選手はできる限り、相手の脇、横でボールを受けることが効果的である、ということになります。

具体的には、ボールを受ける前に、ゴールと結んだ線上にディフェンダーが立とうとするのであるならば、その線上に立たないようにする、ズレる（図17①）。すると、相手は違う方向に「ベクトル」を向けなければいけなくなりますから（図17②）、攻撃の選手は、その逆をつく、ということがしやすくなるわけです（図17③）。

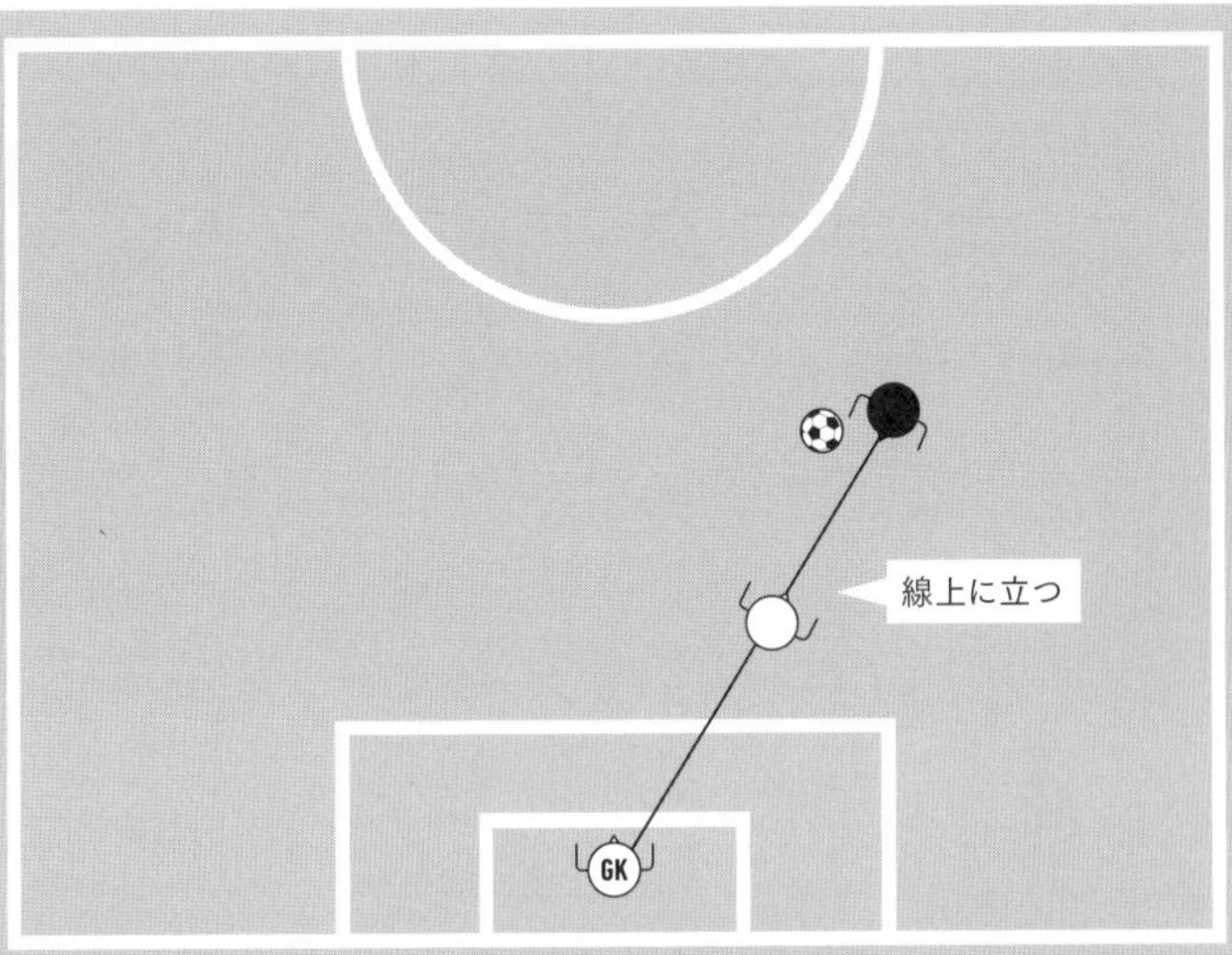

［図16］

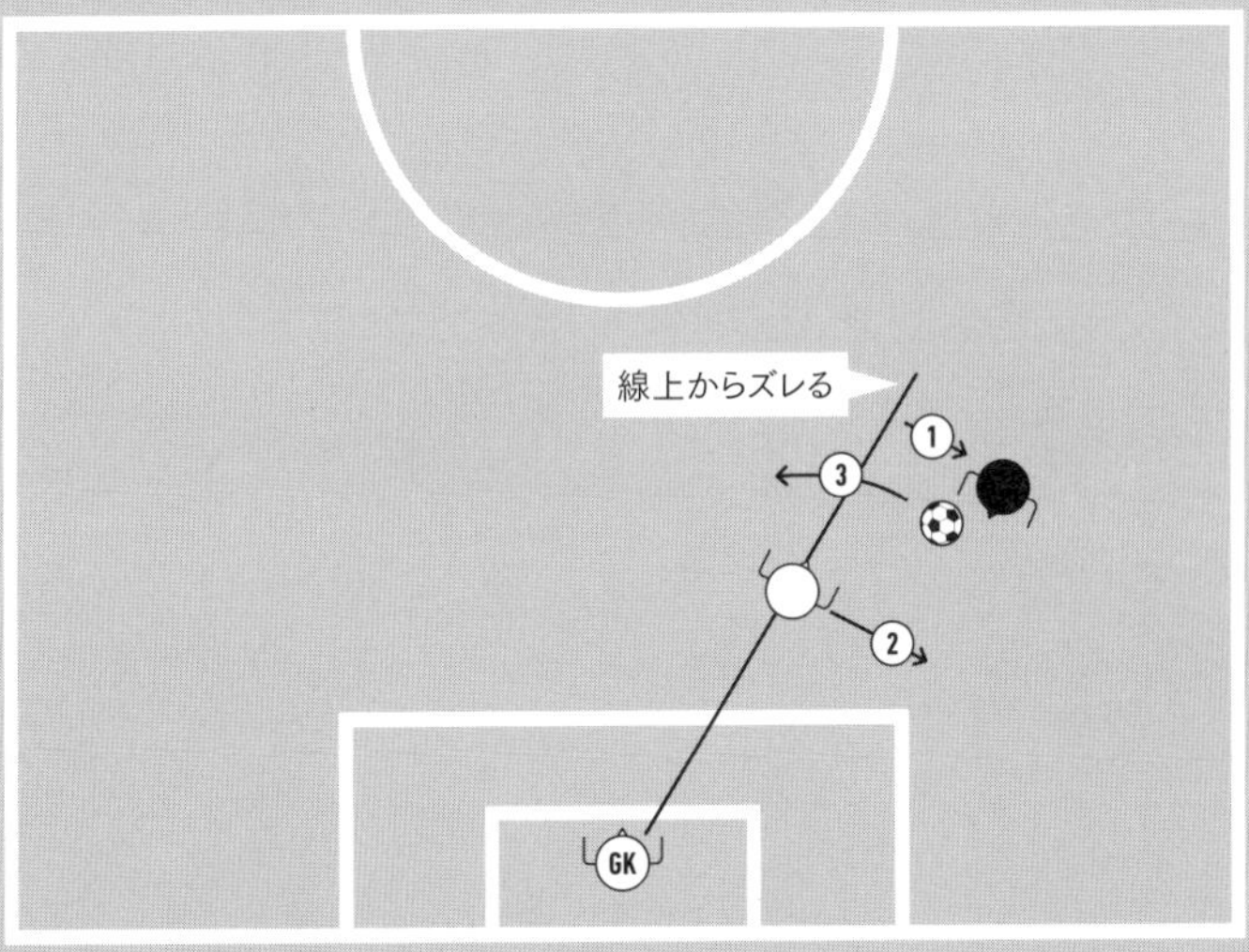

［図17］

解説動画は
こちらから
原則3・4を
解説しています

パスワード：fbp34

原則 4

「『攻』から『守』を早くするためには、『相手の横にいない』」原則

原則3をつなぎ合わせて理解してほしいと思います。

ディフェンダーは相手とゴールの結んだ線上に立ちます。

攻撃側は、ボールをもらうときに相手を正面から受けてしまえばつかまりやすくなってしまいます。だから、ズレる。全員がそれを意識していれば、ピッチ上には攻撃における「いいポジショニング」が再現されます。これが、正面から受けない原則です。

しかし、ここで難しいのが「サッカーは攻守が連続する」という事実です。攻撃のとき、守備のときと明確にわけてプレーできる時間はほとんどありません。

ですから、「攻撃のときです」と言われて原則3を実践すれば効果を発揮しますが、そのままボールを奪われ「守備のとき」が始まってしまったら、相手の選手は横にいますから目の前に広大なスペースを空けてしまいます（図18）。「守備のとき」だった選手からすれば、ボールを取った瞬間に広大なスペースが広がっていますから走りやすい。カウンターのリスクが生じるわけです。

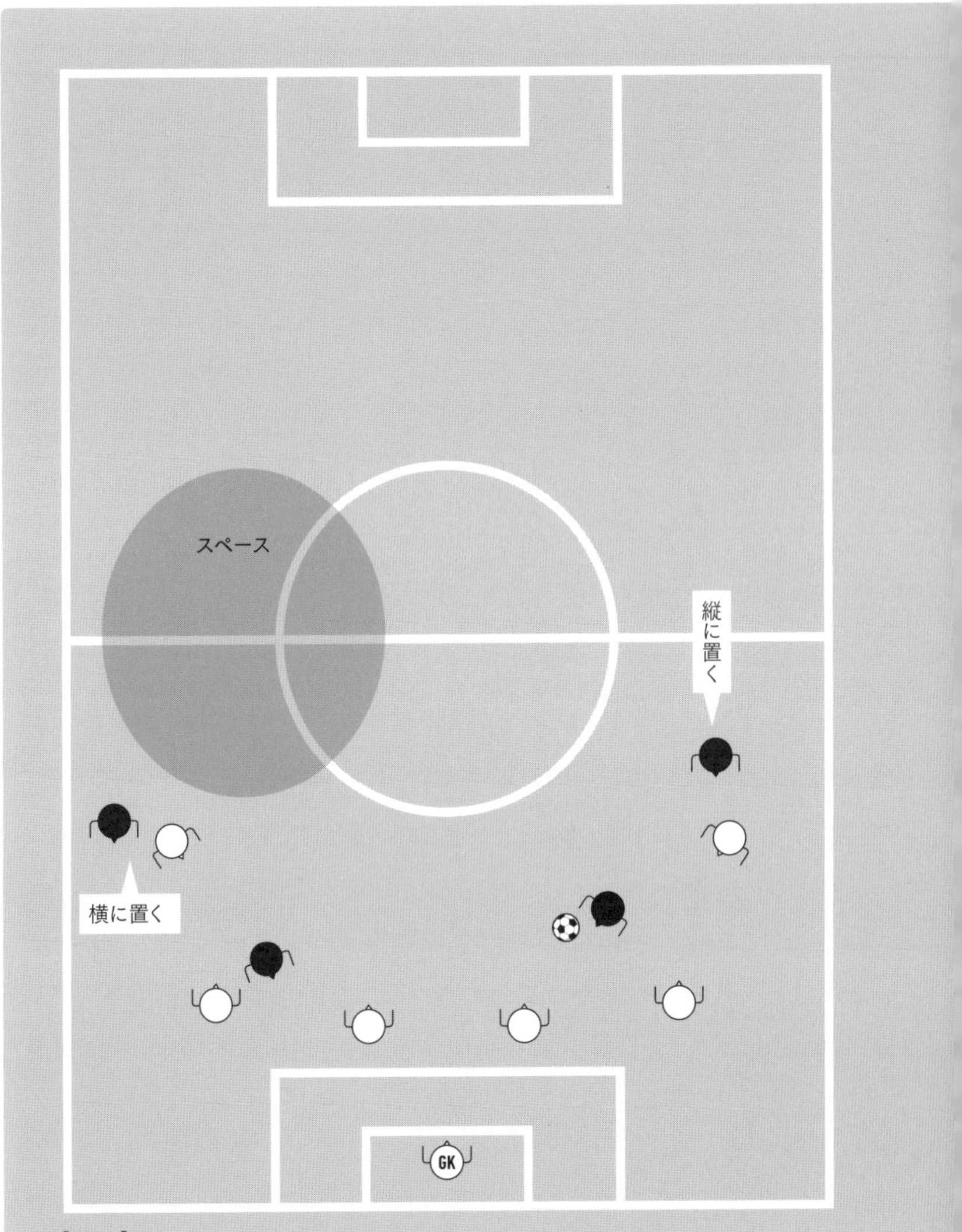

［図18］

つまり、正面からアプローチを受けないことで、攻撃においてはメリットをもたらすのですが、攻守が切り替わった瞬間にリスクになり得る。

逆に言えば、攻撃において、正面からアプローチを受ける立ち位置をとること（横にいないこと）は効果的ではないですが、相手のカウンターリスクを最小限にするという意味では非常に効果的になるわけです。目の前に相手がいるわけですから、ボールを奪った選手もそのまま前進するわけにいきません。

これがピッチレベルにおけるサッカーの大きなポイントです。

ロストフの14秒では、本田選手の蹴るコーナーキックの際に、香川選手や乾選手が「相手の横」つまり、正面からアプローチを受けないところに立ちました。個人的には、時間帯や状況を見ても、リスクを負い過ぎじゃないか、とは思いましたがそれは選手たちの判断を優先すべきでしょう。

しかし、結果として、横に置いたことがあのカウンターにつながっています。ベルギーからすれば、ボールを奪った瞬間に、目の前に広大なスペースができていた。

ではどうすればいいか、と言えば、例えばカウンターを打たせないようにするのであれば、攻めながらも少し相手の横、脇に出ない選手を数人置く。特に、相手のカウンターを引っ張るような選手に対してそういう対応を取る。

このバランスをどう取るか。誰が、どこで、それをするのかが「攻守一体」の現代サッカーの難しさであり、面白さです。

このサッカーは連続するという視点は意外と抜け落ちがちです。カウンターの場面、攻撃の守備の場面を分けて考えてしまうと、「カウンターに対応しろよ！」と指摘したくなってしまう。一方で「点を取れよ！」「リスクを負えよ！」とも言いたい。結局、結果論かよ……選手はそう感じてしまいます。

どうしたって両立できない場面が出てきますから、そのために原則を踏まえたうえでどのような約束事を共有していくかを、チームに指示していかなければいけません。

解説動画は
こちらから
原則3・4を
解説しています

パスワード：fbp34

原則 5

「相手の攻撃がいいと、横幅68メートルを4人では守れない」原則

68メートルというのはサッカーのピッチの横幅のことです。相手の攻撃がいいとき、この横幅を4人で守るのは難しいのが現代サッカーです。背景にあるのは、「5レーン理論」(これについては第5章でも検証していますので、詳しくはそちらをご覧ください)の世界的な広がりです。簡単に言ってしまえば、ピッチの横幅に5人いれば効果的に攻撃できる。だからいかに高い位置で「5」を作るか、という理論で、この枠組みがいろいろなところで実践されています。

これは同時に、守備側は「5」で攻撃されると困るということを意味します。では、相手の「5」に対してどう対応するか。それを緻密に考えなければいけません。

4人では守れない。それが一番顕著なのが、ゴール前です。

中盤と違って、ゴール前にはセンターバックがいます。ゴールの中央を守る仕事ですから、基本的には真ん中にいて守備を行ないます。4バックで考えてみましょう。センターバックが2人、中央を守ります。両サイドにはサイドバックがいますが、彼らがサイドに

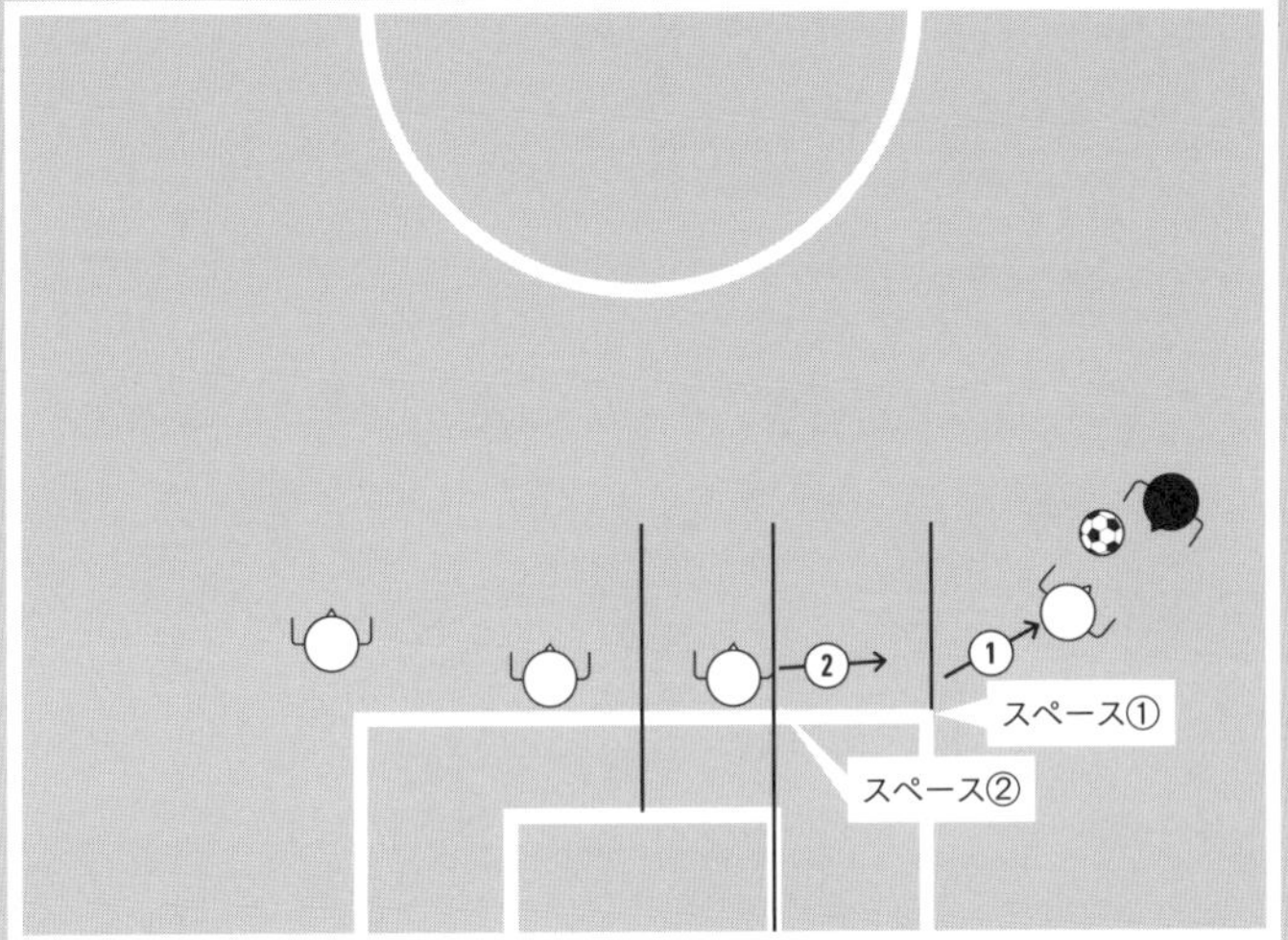

［図19］

つり出されてしまうと、センターバックとサイドバックの間に大きなスペースができてしまいます。ハーフスペースと呼ばれるものです（図19スペース①）。

5レーン理論の肝ですが、ここを相手に使われるとゴール前に侵入されやすくなります。攻撃からすると狙いたい場所で、守備からすると防ぎたい場所、ということになります。

サイドがつり出されてしまったのであれば、センターバックがカバーすればいい。そう思うかもしれませんが、そうするともっとも危険なゴール前にスペースができてしまいます（図19スペース②）。穴を埋めようとすると、そこにまた穴が空く、さらにそこを埋

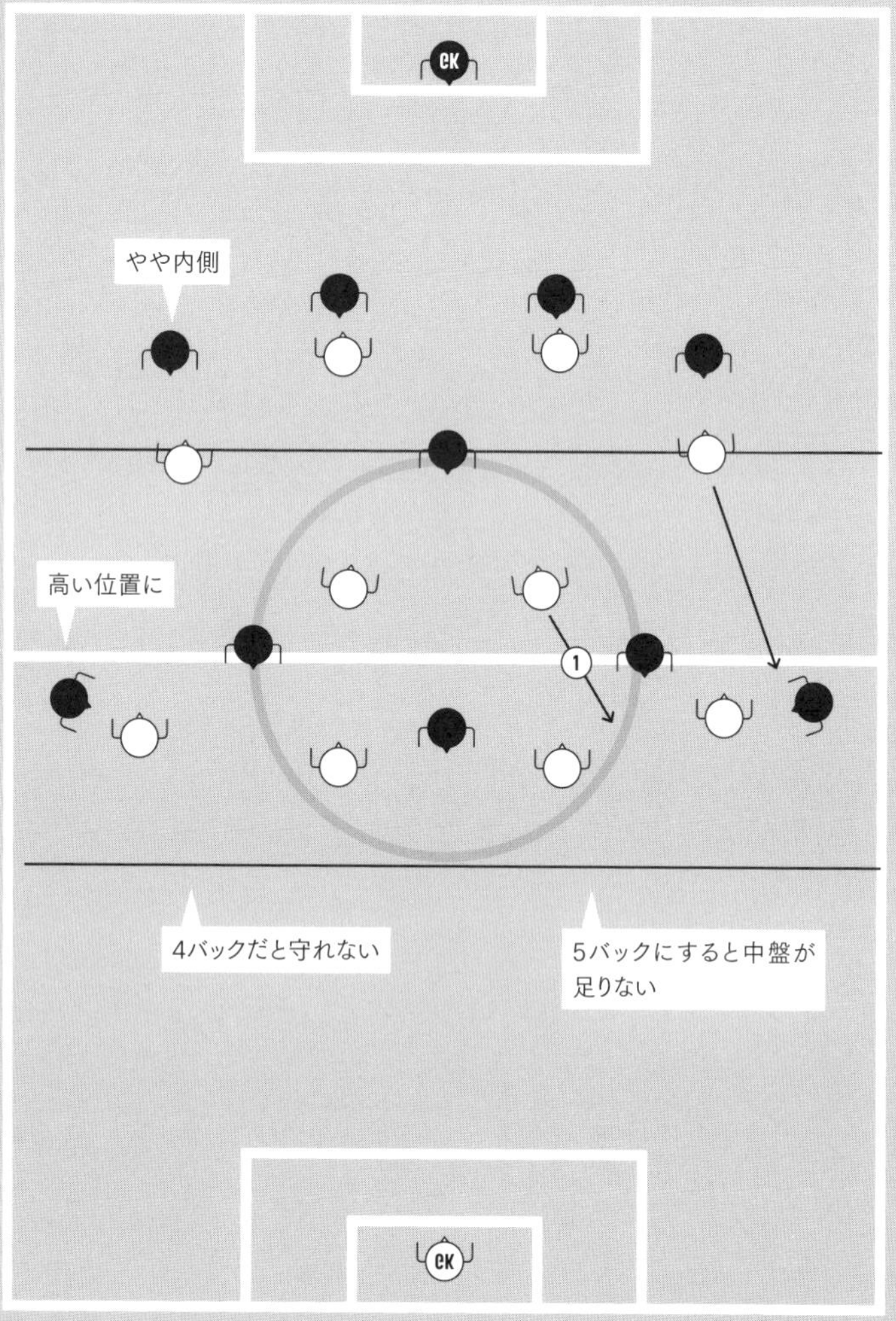
GK
やや内側
高い位置に
1
4バックだと守れない
5バックにすると中盤が
足りない
GK

［図20］

めようとするとまた穴が……これをわたしは「ドミノ式」と言っていますが、4人で守ろうとすると「ドミノ式」に穴が生まれてしまうわけです。

中盤ではどうでしょう。4-1-4-1はまさに「5」を作りやすいシステムです。4バックで守っているとき、前線にインサイドハーフ、ウイング、センターフォワードの5枚がいたら、それは守りきれません（図20）。それに対応して5バックにすると（図20①）今度は中盤の人数が足りなくなります。

つまり各エリアで5枚にしてくる相手に対して、どう守備をしていくか。これを定めることは現代サッカーの原則のひとつになってきていると思うわけです。

高い位置でも同じ現象は起こります（すべてのボールを取りにいく必要がないエリアですからゴール前ほどデリケートな問題にはなりませんが）。

相手のビルドアップが非常にいい。例えば、3バックで攻撃をしてくるチームというのは、ウィングバックのふたりをうまく使いながら5人でビルドアップを試みてきます。これを4人で守ろうとすると人数が足りません。

センターバックにプレスにいくことでパスコースを限定する、というのはひとつの解決策です。しかし、ここでいう原則は「相手の攻撃がいいとき」ですから（選手の質、レベルという相対的なものになるとはいえ）そのプレスを簡単にはがせてしまうようなセンターバックがいると、「ドミノ式」にどんどん後ろにズレてしまうわけです。

結局、相手からいい攻撃をしかけられているときというのは、おおよそ、前線、中盤、ゴール前のどこかで「5」が作られているときであり、それは4人では守り切れないということになります。

5レーンが浸透した現代、攻撃においてそれを使おうとするチームは多いですが、対応する守備についてまでしっかりと対策を取っているチームはまだ多くありません。だからこそ、「相手攻撃がいいとき、4人では守り切れない」ということを、現代サッカーの大前提として知っておかなければなりません。

持つべき視点は、まず各チームが「どのエリアを『5』にしようとしているのか」を見ることです。

例えば後ろを「5」にしようとしているのであれば、中盤または前線は「5」になりません（選手は10人しかいませんからね。5－5だと三列ができません）。どこかを「5」にしているということは、どこかが手薄になっているということの裏返しなのです。

ですから、攻撃においては戦術としてどこを「5」にするのか、そしてポジションを変えながら各エリアで「5」を作れるように設計をするかという視点が大事になりますし、

パスワード：fbp5

守備側においては、その「5」にしてくるエリアに対していかに対応するのかを設計しなければならない、ということになる。

この原則はそうしたポイントを示す重要なものになります。

解説動画は
こちらから

原則 6

「低い位置の守備は、ディフェンスラインの5人目が誰かを決めておいたほうがいい」原則

原則5を踏まえたうえで、どうすればいいのか考えるときに重要な原則です。守備側の視点からいうと、まず低い位置＝「ディフェンシブサード」における対応策を取っておくことがチームとして重要になります。

原則5で示したとおり、攻守において各エリアで「5」になるよう設計することが大事なわけですが、とはいえ、前線（アタッキングサード）はもちろん中盤（ミドルサード）においては、「5」にしなくても守備の対応ができます。

中盤におけるひとつの方法は、逆サイドを捨ててしまいましょう、というものです。難しく考える必要はなく、ひとつのレーンを捨ててしまえば4なので同数になる、ということですね。

具体的には、フォーメーションが4－4－2だとして、サイドにボールがいけば、外に誘導し、逆サイドのレーンを捨てて4人が絞る（図21）。このとき「サイドを変えられたらどうするのか」という課題に対しては、もう一度スライドして逆サイドをまた捨てる。

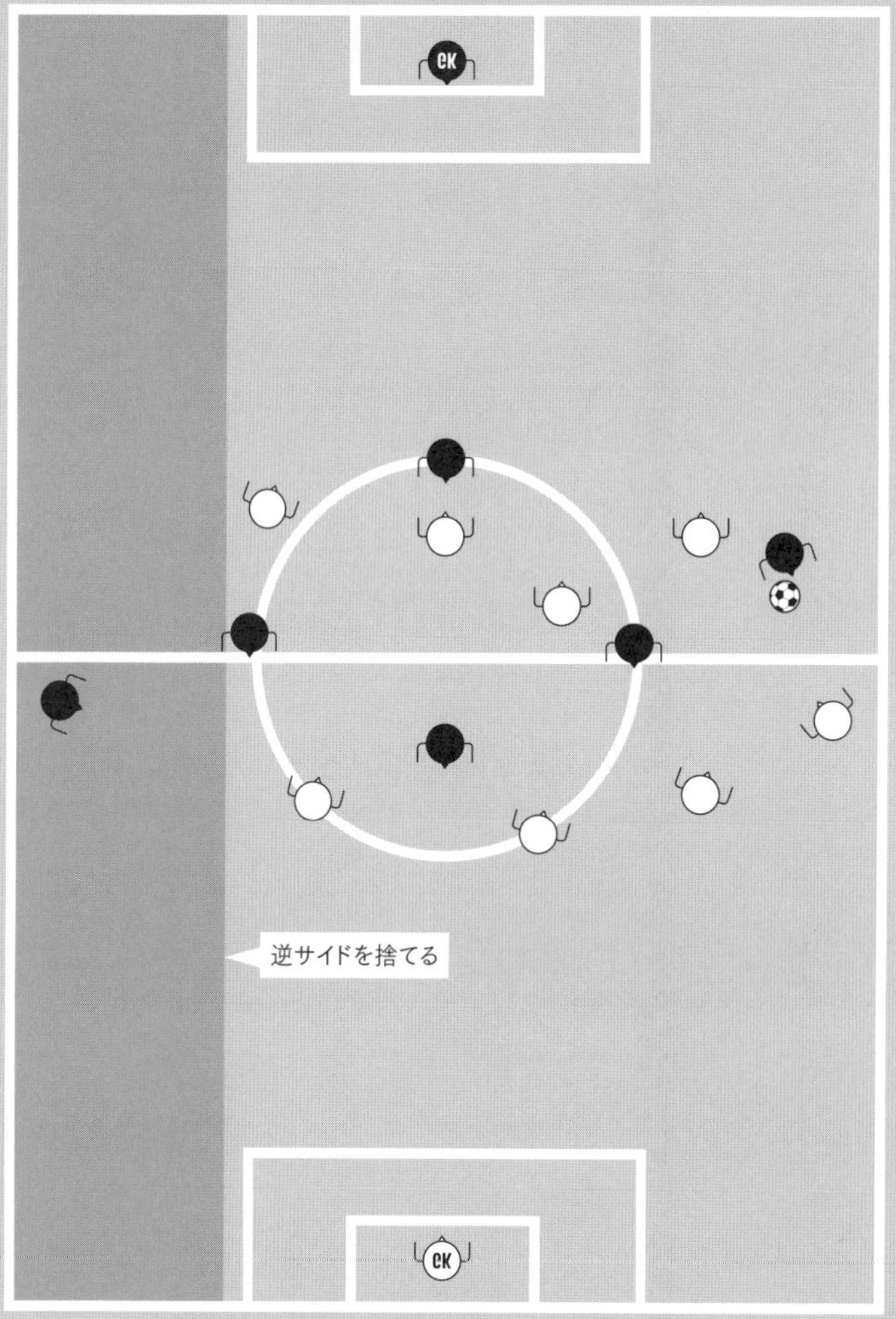

[図21]

これを繰り返していくのがひとつのやり方です。

そして現実として、中を絞った状態から逆サイドに強く正確に蹴ることができる——ロベルト・カルロスのような——選手がどのくらいいるか、それを突き詰められているチームがどのくらいあるのか、という話にもなります。だからこそ4人でも十分守れる、というのが4－4－2の考え方だと思います。

ただし、ここにはやはりレベルの問題がついて回ります。プロレベルになれば、このやり方を有効に外してくるチームが現れてくる。だから「4」では守り切れないことをきちんと理解して、対応策を準備しておかなければならないわけです。

特に低い位置の守備——ディフェンシブサードにおいては、この準備が極めて大事です。そしてその方法として、「5」にするための5人目を誰にするのかを明確にしたほうがいい、というのがこの原則です。これはすごく大事なものだと思っています。

中盤までは、先ほど紹介したような全体がスライドして逆サイドを捨てることで十分なことも多くあります。同様に「4」で守れないんだったら「4」でもいいじゃないか、と考えることも選択肢としてあり得ます。というのも、中盤がいくらサイドに振られたとしても、最終的に相手はゴールを目指すからです。

けれど、ディフェンシブサードにおいては、ゴールを守るというサッカーのもっとも本質的な部分になりますので、やはりここで「4」はまずい。中盤と同じ「スライドして逆サイドを捨てる」という対応をすれば、逆のゴール前はサイドバックになり、一番フィジカルの強いセンターバックがゴール前からつり出されてしまう（図22）わけで、あきらかにゴール前が手薄です。

ですから、ここのエリアにおいては「誰が5人目として入ってくるのか」をチームとして明確にしておかなければなりません。決めるといっても、「ボランチのお前だよ」「サイドハーフのお前だよ」ということではなく、あらゆる状況で選手たちが、わかっていないといけない、ということです。

いろいろな状況がありますが、いくつかわかりやすいものを例示しましょう。

相手のウイングがボールを持ったとき、サイドバックがアプローチにいく、センターバックのふたりはゴール前に残る、ということをベースとして考えるチームであれば、サイドバックとセンターバックの間にできたスペース（ハーフスペース付近）を埋めるのは、ボランチかサイドハーフか、センターバックの3通りしか基本的にはありません。

例えば、フォワードがそのスペースに流れていくのであればセンターバックがいく、とするのか、相手の誰が入ってこようが状況によってボランチがいく（センターバックは出ない）なのか、あるいはサイドハーフが横に戻ってきて、「5」とまではいかなくとも「5枚目」気味に参戦してくるのか（別の例として、サイドハーフがウイングについてサイドバッ

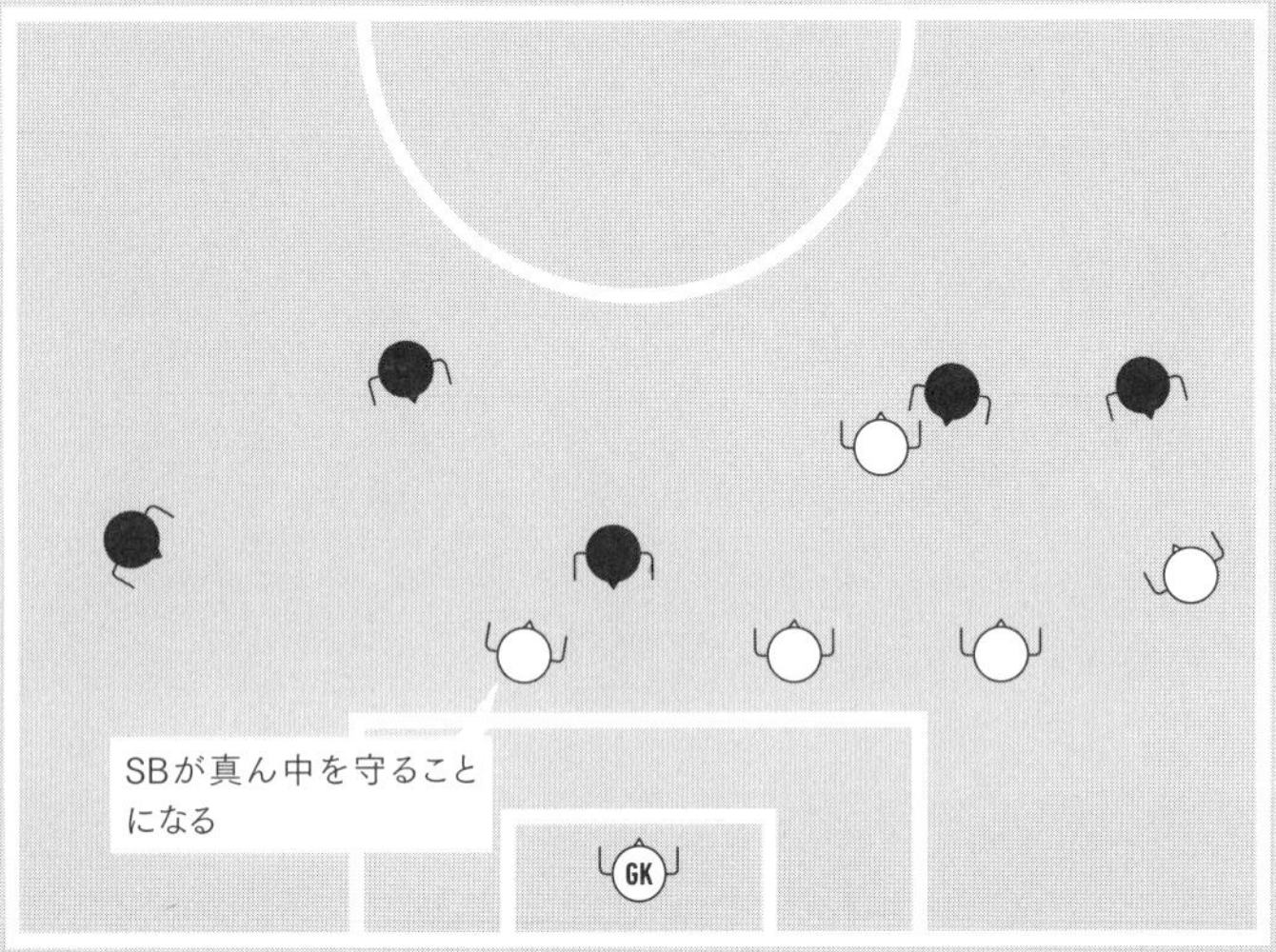

［図22］

クとふたりでスペースに対応していくこともあります）。

またほ、センターバックがわたしとは違って機動力があるコンビで、サイドにつり出されても強く、そして逆のサイドバックも比較的高さがあるのであれば、同サイドは絞る、という考え方もできると思います。その場合、5枚目は逆サイドのサイドハーフにする。これもありです。

実際にわたしがプレーをしていた鹿島アントラーズでは、ボランチがこの5人目に来ることが多かったと思います。これは、サイドハーフがうまい選手、野沢拓也や本山雅志さんでしたから、カウンターの起点として残しておきたいということと、サイドバックが

FC東京（当時）の長友佑都選手のようなガンガンくるタイプだったら、このふたりのようなタイプを戻すのは論理的ではない、という考えからでした。

「5人目」を誰にするか、ということに決まりはありませんが、いずれにしても、「こういう状況になったときには、この選手は誰がつかみましょう」ということが設定されている（図23）かどうかはすごく重要だと思います。

ヨーロッパのサッカーと日本のサッカーの違いは、いろいろなところで語られていますが、わたしは特にここがその大きな違いのひとつだと思っています。

ヨーロッパ（と一口にまとめるのははばかられますが）では、「相手は最終的にゴールに来るんだから、守るのはゴール前だ」というところから始まって、ここで「引き算されないようにしよう」（引き算は、どんどん人が引っ張られていくことを引き算と言っています）という考え方が、「原則的に」あるのではないか。実際、引き算されてゴール前に人がいなくなる、そのスペースに走り込まれてゴールを決められるというシーンをあまり見たことがありません（その分、それ以外のスペースはかなり空いているのを目にはしますが……）。

その点、日本の場合は、その感覚が薄く、「いってダメだったら仕方ない」とでもいうようなシーンが見られます。ここはやはり整理されるべきでしょう。

中盤までのようにボールを奪うことが目的のフェーズから、ゴールを守るというフェー

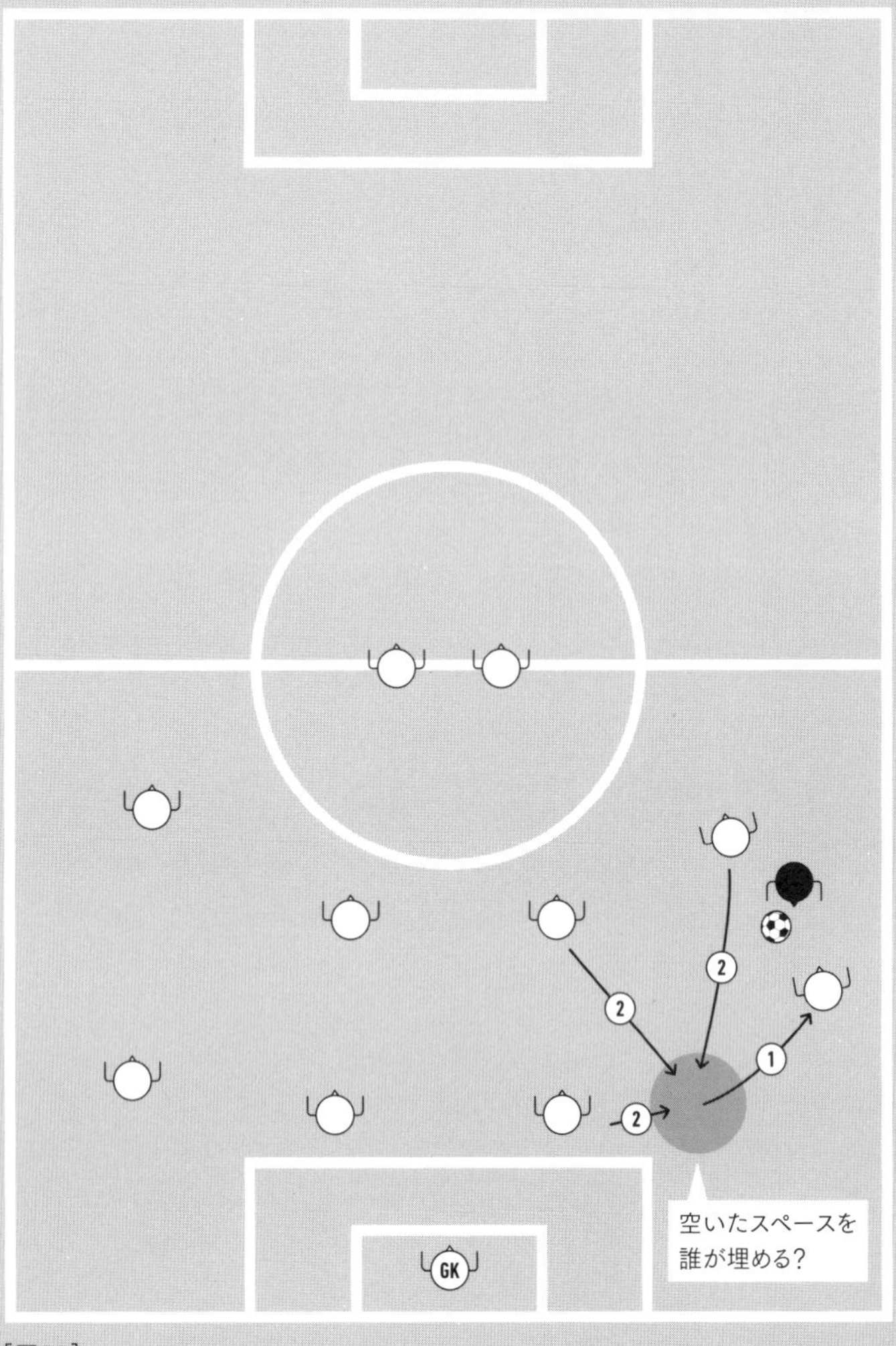

[図23]

パスワード：fbp6

ズになるのですから、同じようにスライドするだけではなく、選手の役割を変えることも含め、チームとして同じ絵を描けるように設計されるべきだと思います。

解説動画は
こちらから

原則 7

「高い位置の守備は、ボランチに誰がいくか決めておいたほうがいい」原則

では、高い位置の守備、ボールを奪うフェーズではどうでしょうか。

繰り返しになりますが、低い位置であれば5人目をどうするのか、ということが大事でした。それが高い位置であれば、押さえておかなければいけないポイントが相手のボランチになります。この表現にはちょっと注意も必要なので、先に断っておくと、守備というのは「この選手がこうなったから、こうしよう」というケースバイケースで考えてもあまりうまくいきません。というのは、レベルが上がれば上がるほど、展開が速くなりますからいちいちそれを「このケースだ」と考えていられないわけです。

なので、（選手に）明確だけどシンプルに理解してもらう必要があります。

そこで、今回の原則は「ボランチ」というポジションで提示させてもらっています。ただ、結局ポジションも流動的でそれこそケースバイケースになってしまうので、実際のピッチ上で考えると「中盤とフォワードの間のエリア」ということになります。

このエリアに誰が守備にいくのかが、これまで同様にあらゆる状況で、明確になってい

なければいけない。これが高い位置で守備にいくときの原則です。

もちろんボランチだけを押さえればいい、というわけではありません。そしてここにパスを通されてはいけない、というわけでもない。通されたときに、誰が守備をするかが決まっていないと、高い位置での守備にならない、ということになります。

誰がいくかが決まっておらず(このエリアで)フリーでボールを持たれると、時間ができてその選手は前を向きやすくなる。この「ピッチ上の心臓」ともいえる場所で前を向いた選手というのは、あらゆる選択肢を持つことになります。外に振ることも、一発で背後を狙うことも、間にも打ち込める。すべて相手の逆を取ることができる状況になるわけです(図24)。

それは守備側がすべて受け身に回るしかなくなることを意味します。

加えてここで2トップがプレスバックしてボランチに対して絞るようにすると……これは結果的に高い位置の守備にならなくなっています。

また、先の4－4－2で高い位置の守備をしたいとき、2トップがセンターバックにプレスをかけにいくのは王道です。どんな指導者でも指示すると思います。けれど、ここにプレスにいくと、ボランチが空くことになる。インサイドの選手がそのボランチに対応しようとすると、今度は中盤の前のスペースが空くことになる……というように、ボランチ

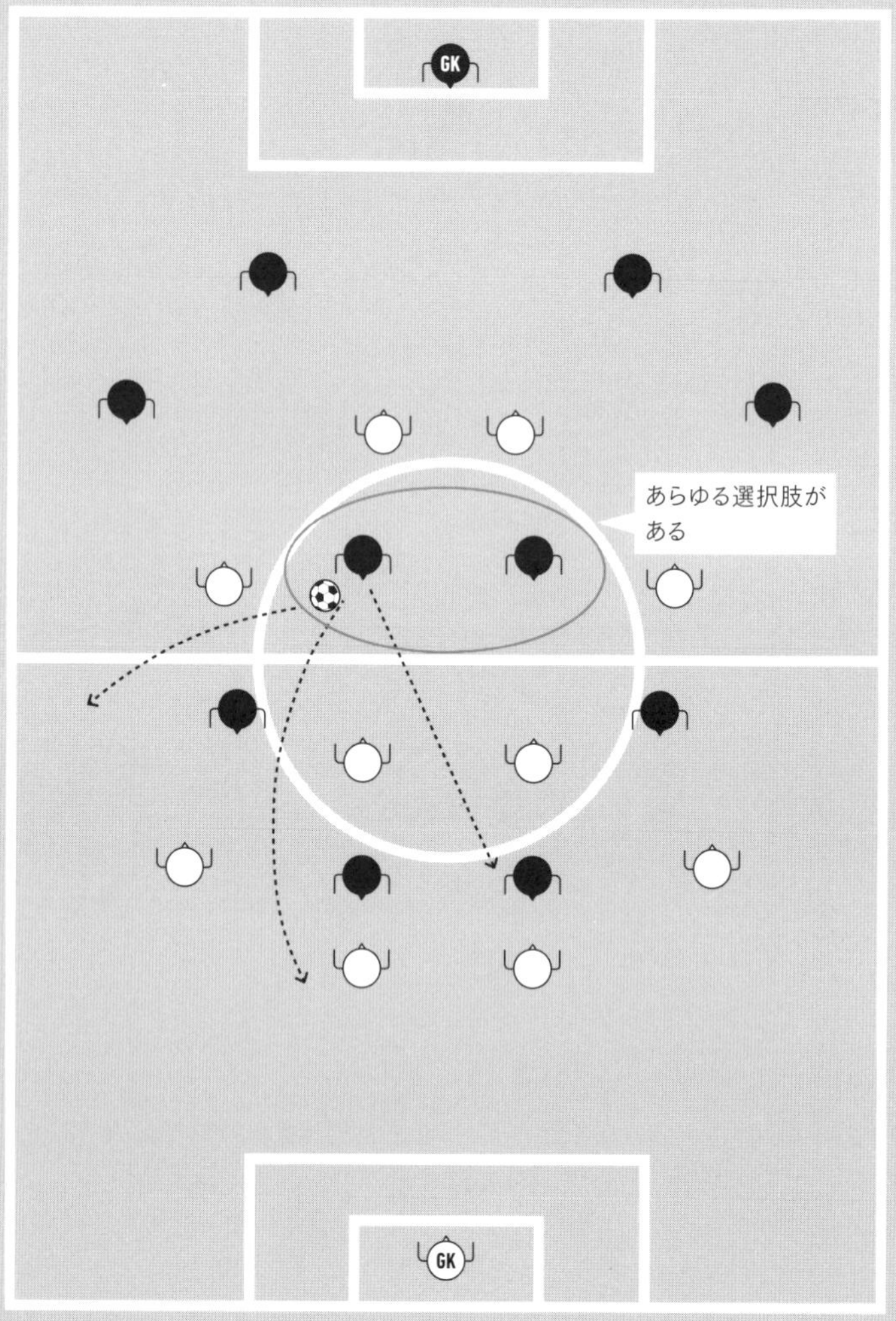

[図24]

に誰がいくか起点で、すべてが決まってくる。

　これが重要なポイントです。

　このボランチにさえ入らなければ、ディフェンスラインでサイドを変えられたとしても、攻撃側もスライドで間に合わせることができます。しかし、ボランチを経由して展開されると、守備はどうしても後手に回らざるを得なくなる。

　3－4－3でもそれはよく見られます。このシステムで「高い位置で守備にいけ」と言われても、この原則を押さえていないと、ずるずると下がって5－4－1のような守備的な配置になってしまうのです。

　自分たちの中盤とフォワードのラインの間の守り方を定めること。ここを起点に外されたら「こういうふうに守ろう」ということが全体としてつながっていくこと。それによってチームの守備戦術はできていきます。

　監督としては、それを押さえたうえで、次の戦術をどう考えるのかが腕の見せどころになっていくと思っています。

解説動画は
こちらから
➡
パスワード：fbp7

「ボールに近い選手はボールに真っ直ぐ向かわず、角度をつけること。そのとき、ボール保持者がフリーなら、マーカーの横より前に立つこと」原則

攻撃においてボールを受ける選手の原則になります。

ボールに近い選手は、ボールホルダーに対して角度をつけておくこと。真っすぐもらいにいかない（立たない）、というものです。

指導の現場に立つようになり、これを浸透することが非常に難しいことを感じています。ボールをもらいにいこうと、ボールホルダーと自分を結ぶ線上を真っすぐ寄っていく選手がとても多いのです。

プレッシャーがかかっていていますぐにでもサポートが必要、というシーンであれば、一刻も早く近くいく必要がありますから、まっすぐ寄っていくというのは有りです。しかし、ボールホルダーがフリーでいるにもかかわらず、同じように真っすぐ寄っていってしまうと、どうでしょう。

相手の目線はボールホルダー、受けにいく選手と自分の立ち位置が同じライン上にありますから、受けにいく選手に対してそのまま強くアプローチができます。また、自身の後

ろの選手を含めた中間ポジションを取ることができるので攻撃を制限することができます（図26）。

一方でボールを受ける選手からすると、目線はボールホルダーに向いていますから相手が見えない状況になります。そしてボールをもらえたとしても、相手に背中を向けた状況ですので、展開が限られてしまう。攻撃側は次の一手を出しづらくなります（図25①）。

もちろんこの原則をわかったうえであえて食いつかせて崩す、といった判断をすることはありますが、基本的な考え方として、相手を出し抜きたいのであれば線上で受けにいくのは効果的な動き方ではありません。相手からすると守りやすく、受ける選手にとっては次の展開の選択肢が限られてしまうわけです。

ですから、必ずその線上から、左右どちらでもいいから横にズレましょう、というのがこの原則の考え方です。

横にズレるときは、できるだけバックステップを踏みます。そうすると、相手とボールの両方が視野に入る状況になります（図26）。相手選手が、ボールホルダーとその後ろのパスコースを切ろうとするのであれば、自分でボールをもらい前へ展開することもできますし、付いてくるようであれば、背後の選手へパスを出させて、自分はかぶせていく展開もできる。いずれにしても自分が真っすぐに寄っていくのか、横にズレるのかによって、駆け引きの先手がどちらになるのかが変わってくるわけです。

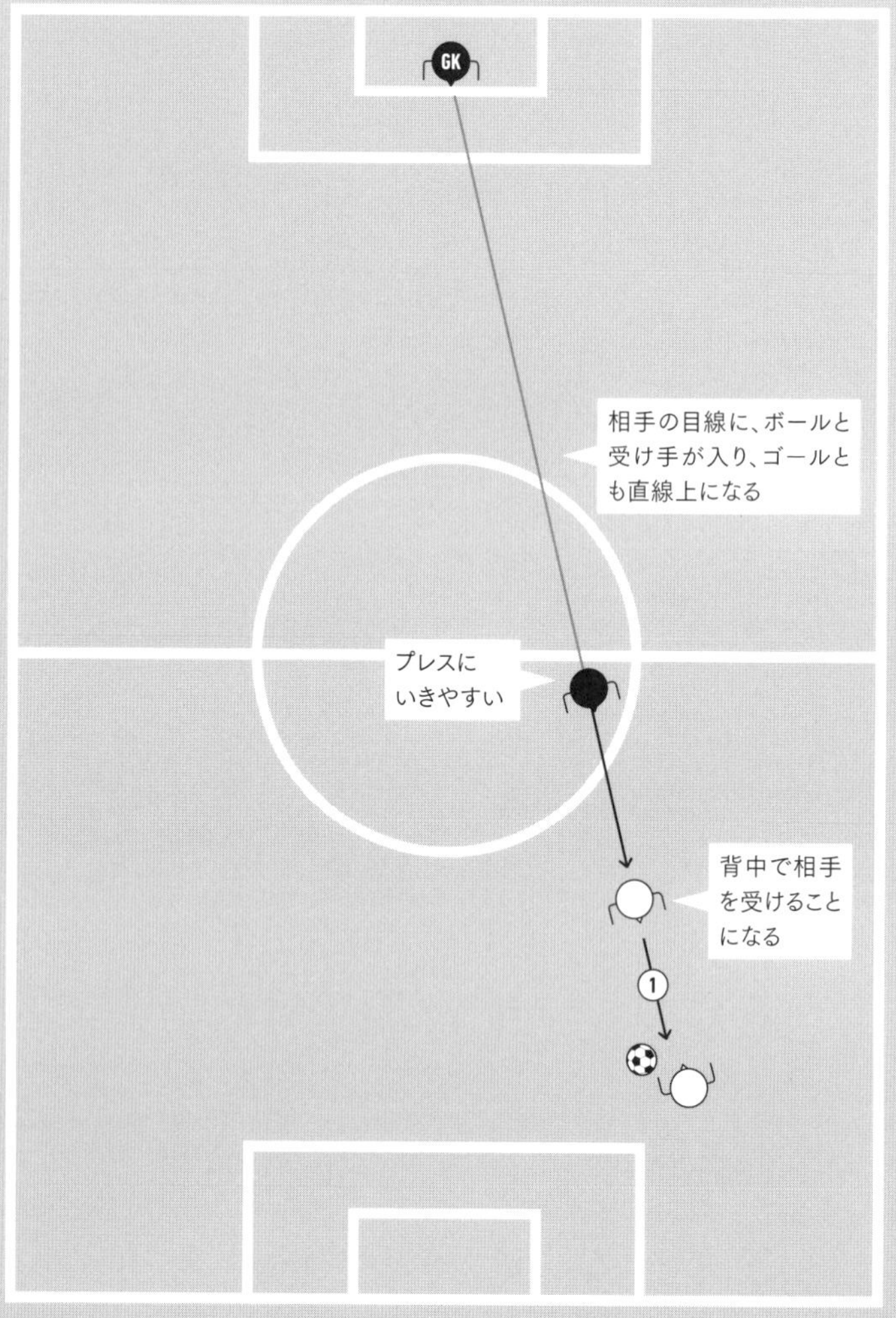
GK
相手の目線に、ボールと
受け手が入り、ゴールと
も直線上になる
プレスに
いきやすい
背中で相手
を受けること
になる
1
[図25]

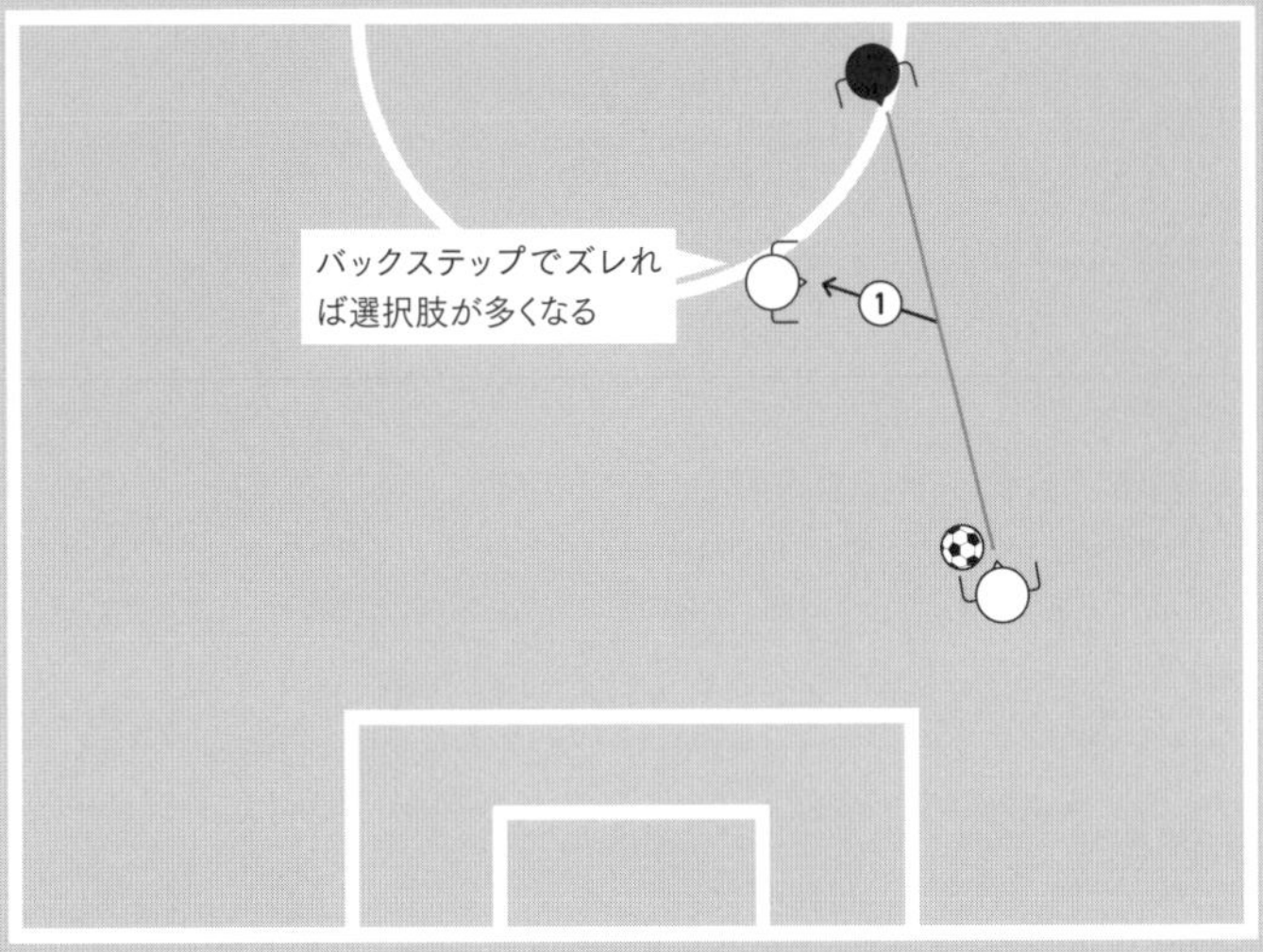
バックステップでズレれば選択肢が多くなる
1

［図26］

サイドでボールを持ったときに、原則を踏まえず手詰まりになるシーンがよく見られます。ウイングの選手がボールを持ち相手サイドバックに寄せられたとき、ボランチの選手が寄っていきます。そうすると、もらったときには相手のボランチが出てきて、正面を切られ、返すしかなくなりプレーエリアが狭くなってしまいます（図27①②）。

これがもし、近くに寄らずに少し離れた場所で受ければ（図27③）、逆サイドなどの空いたところに展開できます。また、もし相手が付いてくればそのスペースが空いています。

では、なぜ寄っていってしまうのか。

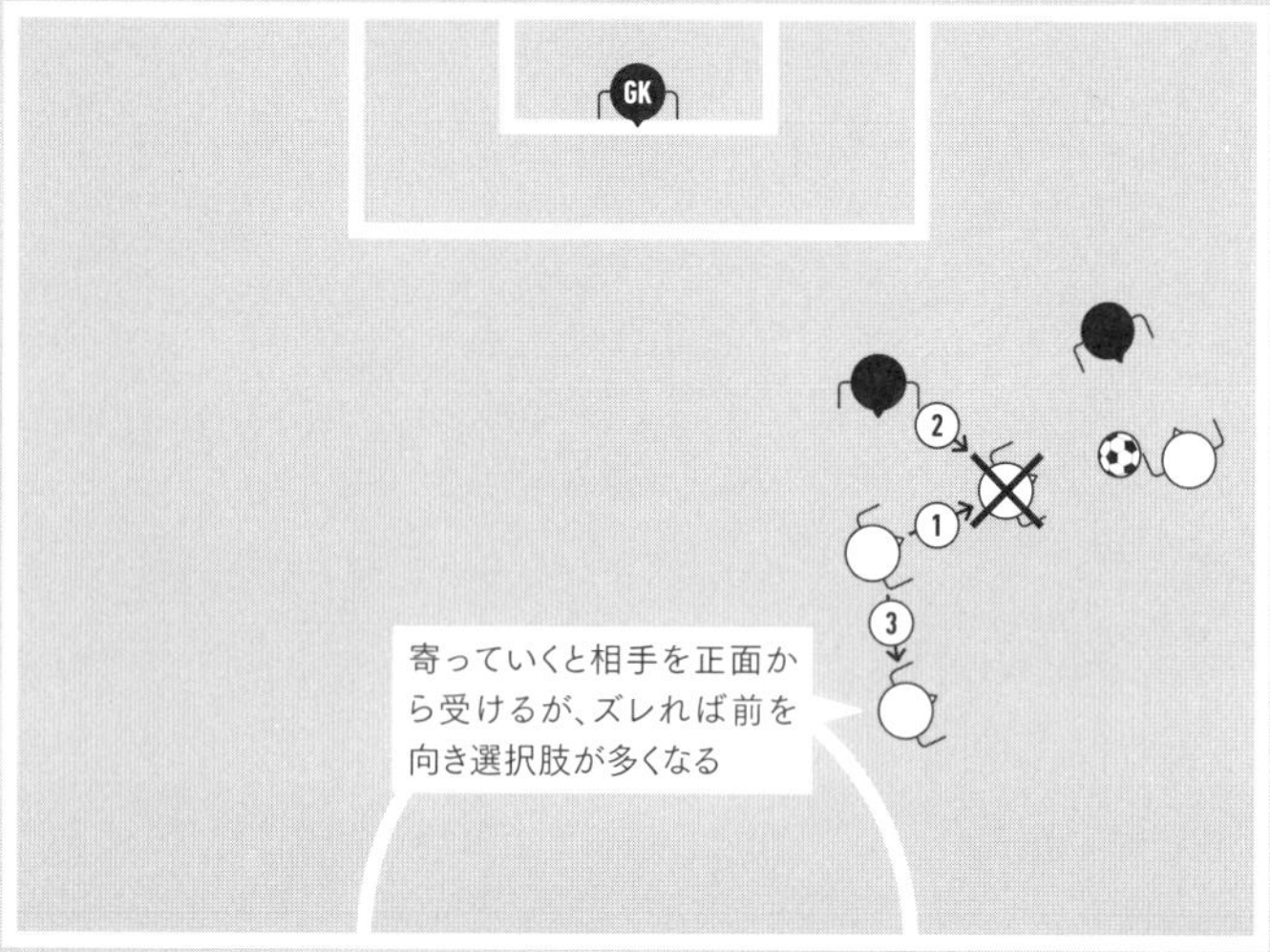
GK
1
2
3
寄っていくと相手を正面から受けるが、ズレれば前を向き選択肢が多くなる

［図27］

これは日本の場合、「指示」のあり方にも関係していると思います。よく聞く指示として、「ボールに触れ」とか「ボールを受けろ」があります。わたしも言うのですが、そのニュアンスにはどうしても近くに寄っていくイメージがあります。

これはボールを受けることが目的になってしまっています。しかし、触る、受ける目的は、ゴールへ前進するためであるということがこの原則によって理解されれば、「どう受けるか」という判断はまったく変わってくるはずです。例えば、寄っていく目的も、相手をあえて引き寄せて逆サイドへ展開するため、というふうに考えられるようになる。

いずれにしても、ボールに近い選手のポジションの取り方だけを指摘することで、他の選手にまで細かく指示をする必要もなく、ピッチ上に「攻撃の絵」が描けるようになってきます。

それゆえ、近い選手のポジションが非常に重要になる、という原則でした。

解説動画はこちらから

パスワード：fbp8

「近くと遠くに選択肢を持つ」原則

これは、攻撃における「チーム作り」のヒントになると思うので付け加えておきます。この本のもととなる「PITCH LEVELラボ」での対談で（柴崎）岳がヒントをくれました。ここについては第2部の第6章でも細かく言及していますので、そちらもご覧ください。

攻撃のとき「近くと遠くの選択肢を持つ」。言われてみれば当然なのですが、プレーをしているとき抜け落ちがちな視点でもあります。

例えば、ボールを保持していこうと考えるチームに抜け落ちやすいのが遠くの視点です。近くでつなごうと考えるあまり、相手が出てきていて遠くのスペースが空いているにもかかわらず、そこに目がいかない。

逆に、「遠くが空いているぞ」と、そこばかり見ているチーム（または選手）は「目の前」が見えなくなる。この両方を同時にできるようになるチームは強い――いや、それがないと強くなれないのではないか……最近、より重要性を感じている原則的なことです。

日本において、この原則がもっともうまく体現されているのが、川崎フロンターレです。ここ数年の圧倒的な強さはサッカーファンならば知らない人はいないと思いますが、その歴史を見ると「近くと遠く」が理解されやすいのではないでしょうか。

フロンターレの長所である（ちょっとざっくりとした言い方で恐縮ですが）パスをつないでいく攻撃的なサッカーのベースは前監督の風間八宏さんがもたらしたと思います。そこに鬼木達さん（現監督）が守備を含めた勝つための戦術を整理し、いまの常勝軍団を作り上げました。

このふたりのやり方は、まさに近くと遠くです。風間さんのときは「近く」を中心に、鬼木さんはここに「遠く」を植え付けました。特に鬼木さんが昨シーズン（2019－2020）からシステムを4－4－2から4－3－3にしたことで、より「遠く」が同時に意識されるようになったと思います。ウイングの選手が配されるようになり、レアンドロ・ダミアン選手というターゲットになる選手がいる。相手からするとこれほど対応が難しいことはありません。プレスに出るとウイングの三笘（薫）選手や家長（昭博）選手、トップのレアンドロ・ダミアン選手にトンと入《い》れられ、出ないでブロックを作ろうとするとパスワークで崩されます。近くも遠くもある、という点はフロンターレが強くなったひとつの要因だったと思います。

このふたつを同時に作るのは本当に難しい。フロンターレほどのレベルの選手が揃っていればいいですが、そうではないチームなおさらです。

これを実現するためにはチームの作り方が重要なポイントになります。

わたしはチームに、近くの選手は角度を作ってズレなさい（原則8）と言います。では、遠くは何を見るのか。この頭を同時に回させると、例えば、「近くで人数が同数になっているということは、遠くはこうなっている」ということがわかります。それがわかれば、他の選手はどうするべきか、という役割も決まってくる。

これってつまり、チーム全体の絵が定まってくるということです。近くと遠くをどのように作るかで、相手を見ながらプレーできるようになるわけです。

個人的には、この視点は育成年代からしっかりと指導してあげてほしい部分です。というのも、この数年、育成年代とかかわる機会が増えましたが、多くのチームが「近く」ばかりを見ています。ショートパスを中心にしたサッカーで、それ自体に思うところはないのですが、あたかも「これが俺らのこだわりなんだ」「これを貫けばいいんだ」と言わんばかりに、それだけをしている光景をよく目にします。もちろん「近く」の視点だけで成長していく場合もあります。ただ、育成年代ですから、その先のことを考え、「近く」の視点を持つことを、相手を見ながら選んでほしいと思います。

解説動画は
こちらから
➡

パスワード：fbp9

原則的なプレーが、選手たちの頭の中でどのように処理されているのかについても、トップ選手の言葉を紹介しておきたいと思います。川崎フロンターレの大島僚太選手です。彼のプレーをピッチで見るのは本当にわくわくしますが、その理由がよくわかると思います。

×大島僚太「選択肢を増やす立ち位置とは」

岩政　川崎ではよくダブルボランチを採用した「4－4－2」（2019年時点）のフォーメーションを敷いています。この陣形って選手の配置が平行になりやすいんですけど、（川崎では）ボールを回している間は角度がついていますよね？（斜めのポジションを取っている）特にボランチの大島選手や守田（英正）選手とセンターバックの間でボールを回しているときなどは顕著ですが、ここのボールの取り方、あるいはボールをもらった瞬間はどういった意識を持っているんですか？

大島　ボールをもらったときは、前線の選手（フォワード）が背後に動き出しやすくなる動きを意識しています。

岩政　ボールをもらったときに？

大島　はい。ボールをもらったときに前を向いて、一番簡単なのはやっぱり……。

岩政　（前線にボールを）ボーンと出せること。

大島　そうです。なので、それを相手がプレッシャーに来るまでに自分がボールを止めて、前を見て、蹴るっていう、その一連の動作ができるポジションに立つ、ということを意識しています。

岩政　なるほど。

大島　ここ（中盤の底あたり）に立つときに意識するのは、まずひとつはそこです。

岩政　ということは、センターバックが回してるときに当然、前線をまず見ようとするので、自身のポジションも（相手ディフェンダーから）角度ができてくる。

大島　はい。それで、味方サイドバックに高い位置を取ってもらうことで、（高い位置のサイドで）より数的有利な展開を作りやすくなります。

岩政　そうか。ディフェンダーからボールをもらった瞬間に、前にターンをして、前線にボールを出せるようにすることをまず意識しているということなんですね。

大島　そこは第一に考えます。あとはディフェンスラインと相手選手との距離が開けば、（前線へのパスだけではなく）足元へのショートパスでもいける。

岩政　なるほど。ディフェンスラインから中盤への縦パスも選択肢に入れていますか？

大島　しています。（自分を経由しない）パスを入れることができれば、簡単って言ったら言葉はおかしいかもしれないですが……。

岩政　ディフェンダーとボランチの間を一気に超えられますもんね。

大島　はい、(自分を)飛ばしてもらえれば有利な展開になると思うんで。

岩政　もうひとつ、ディフェンスラインからパスを受けるときに、マークにくる相手選手との角度をつける選手はいるんだけど、いま、大島選手が話したような「ディフェンスラインからダイレクトに中盤の選手にボールが入ったとき」のサポートができる選手は、Jリーグを見渡してもなかなかいない。大島選手はそれが非常にうまくて、動き出しが速いですよね。このプレーに関しては意識していますか?

大島　それは意識しています。

岩政　やっぱりそうですか。というのも、Jリーグでは、ディフェンスラインから(ダイレクトに)中盤にパスが出ても、サポートをせずに足が止まるボランチの選手やチームがすごく多いなと思うんです。例えば、まずセンターバックがボールを持ったときのサポートで相手フォワードの横に立つ(角度をつける)、そのあと(自分を経由せずダイレクトに)中盤にボールが入ったときにサポートできる位置に立つ。そこへ向かうスピードが速ければマークしてくる相手フォワードを置いていけるけど、サポートにいかずに足が止まっちゃうと、次のプレーへ展開できなかったり、ボールを受けた選手がプレッシャーに来る相手に潰されてしまうことが多いじゃないですか。

大島僚太:1993年1月23日生まれ。川崎フロンターレ所属。MFとしてチームの攻撃的なサッカーを支える。J1・194試合14得点。日本代表通算7キャップ。

大島　僕としては、いま指摘されたマークしてくる相手フォワードが付いてこれないタイミングで入ることもあるんですけど……、ボールを受けた選手に「プレーの選択肢」を増やしてあげたいとも思っています。

岩政　なるほど。

大島　例えば、ボールを受けた選手が（中村）憲剛さんだとすれば、プレッシャーに来る相手選手が僕の動きを先読みしてマークに来たりする。そうすると、憲剛さんはターンをして前を向くことができます。

岩政　そうか。相手が動くことでふたつの選択肢を与えられる。

大島　はい、そうですね。

岩政　そういう戦術って、プロに入ってから意識するようになったんですか？

大島　ほとんどそうです。

岩政　それは周りの選手を参考にして、自分に当てはめていくわけですか？　それとも見つけていった？

大島　うーん、やっぱり憲剛さんとボランチを組ませてもらって、サポートに入っていくことだったり、逆に止まったりするだとか……そういうことを教えてもらいながら、自分なりに……。

岩政　段々と自分の中で整理ができてきたと。例えば、止まる動きで意識するのはどんなところですか。

大島　やっぱり、(対戦する)チームによって違いがあって、例えばワンツーだったり、人に付いていく動きがすごくできているチームには、(相手のマークに)寄る動きで付いて来させて、戻ってボールをもらいにいくとか。

岩政　なるほど。付いてこさせておいて、逆を取っていく。

大島　そうです。

岩政　それも相手によって変えていくわけですよね。

大島　そうですね、はい。

岩政　ボランチの原則的な立ち位置の取り方があったうえで、(マークが)付いてくるのか、あるいは付いてこないチームなのか、というところが次の判断になっていった。付いてくるなら止まってしまう、ということですね。

大島　はい。そういうことは、すごく考えるようになりました。

フル動画は
こちらから
➡

3-2

サッカーは連続するもの

原則をご紹介したところで、現代サッカーとはどういうものか、という大局的なことに触れておきたいと思います。これを前提として知っておかないと、先の原則も局所的なものとして捉えられてしまい、最終的にただボード上で駒を動かしているだけのものになってしまいます。

本書を手に取ってくださるようなサッカーファンの方には「わかってるよ」と言われてしまいそうですが――「サッカーとは連続するもの」という大原則です。

連続しているものは何か。まず、攻撃と守備の「攻守」になります。

やっぱり「わかってるよ」という声が聞こえてきそうですが……あえて問いかけてみたいのです。「本当にわかっていますか?」と。

これは特に指導者にお伝えしたい視点ですが、選手にも考えてみてほしいことです。

昨今は、攻守が連続することに対する考え方として「切り替え」という言葉がよく聞かれます。これは言葉の功罪もあると思いますが、攻撃の局面、守備の局面が別物として捉えられているように感じないでしょうか。
攻守が連続するサッカーというのは、そもそもその「つなぎ目」をなくして考えなければいけないはずです。つまり、**攻撃した形がそのまま守備の形になり、守備の形がそのまま攻撃になっている**こと。

断っておきますが、攻守がはっきりと分かれるサッカーも存在します。特にわたしが最近やるような、「年配者のサッカー」では、ボールを取りました、つないで、ちょっと時間をかけて攻撃しましょう。取られたら、守りますというふうに試合が進みます。これは、つなぎ目のあるサッカーです。育成年代でもこういうサッカーはよく展開されています。けれど、レベルが上がってくるとつなぎ目がなくなります。すると、何が起こるか。

攻撃、守備の、それぞれはチームとしてきちんと設計され、成立していても、「つなぎ目」がうまくつながっていないと、機能しないという現象が頻出するわけです。

いくつか例を挙げてみましょう。

このあとにも触れますが、カウンターのシーンです。相手が前へ前へとボールを取りにくるのに対して一生懸命、守備をします。それが5-4-1だったとしましょう。このとき、シャドーの選手が自陣のどこまで帰ってくるのか。それがイコールそのまま、攻撃（カウンター）の形になっていないと、つなぎ目が生まれてしまいます。

リスクを負って点を取りにいこう、というシーン。「カウンターだけをケアをして」と言いつつ、サイドバックがどんどん高い位置を取っていくとします。裏には空いたスペースがある状況です。その瞬間にボールを奪われてしまえば、当然ですが相手に走られてカウンターを受けてしまいます。

「ちゃんと戻れよ！」とか「カウンターをケアしとけよ」と言う同じ口で「リスクを冒していこうよ」と言うようでは、何が自分たちにとってのリスクで、リスク管理なのかがよくわからなくなってしまいます。

選手からすると、点を取れたらオッケーだし、カウンターを打たれたらダメなんだ、というふうにしか見えない。ですから、そもそも「リスクを冒して前進する」その形がチームとして良かったのかを整理しておかないといけないわけです。

もうひとつわかりやすい例を挙げましょう。最近増えたゴールキーパーがビルドアップに参加する形です。センターバックが開いて、ゴールキーパーを入れた3人で最終ラインを作れれば、サイドバックを高い位置に張らせることで、攻撃としては数的優位を作れる、というものです。確かに攻撃としてはそのとおりで効果的です。

しかし、ボールを取られた瞬間はどうでしょうか。

キーパーはスイーパーの役割はしません。ほとんどの場合、ゴールに戻っていきます。するとゴール前のもっとも危険なエリアにぽっかりと穴が空いているわけです。この話は、キーパーがビルドアップに参加しないほうがいい、という意味ではありません。そうするのであれば、リスクも同時に管理しておかなければならないということです。

このシーンについて守備は「ゴールキーパーは戻って他の4枚で守ろう」と言う人もいるだろうと思います。もちろんそれでもOKです。ただし、それはつなぎ目のないサッカーではない。

ロストフの14秒でカウンターについて書きました。相手を正面に置いておけば、相手はカウンターを打ちづらくなります。それでもリスクを負って（相手の）横に置くのであれば、誰がそれをカバーするのか。5人目は誰か。逆サイドはどうするか……と、「つなぎ目」ができないように整理していく。これが論理的に作るサッカーです。

しかし、実際に「論理的な」作り方をしているチームはあまり見ません。それはほとんどの場合、「つなぎ目」をなくす、という「サッカーは連続しているもの」という大原則を見ていないことに起因していると思います。指導者は、ここをまずしっかりと見据えてチームを考えていく必要がある。それこそが、サッカーの難しいところであり、面白いところでもあるのですから。

わたしは、ヨーロッパのサッカーをすべて素晴らしいものと言うつもりはありません。しかし、ことこの「つなぎ目」のなさ、その論理的なチームビルディングには学ぶべきものが多いと思っています。この章の最後にそれがよく伝わる、ふたりの選手の対談を収録しておきます。

×遠藤航「前からプレッシャーにいくときの決め事」

岩政 日本代表は、アジアカップの頃に比べて立ち位置の取り方やチーム内での役割が変わってきているように思うんですけど、そのあたりは自分のプレー像が変わってきたことも影響しているんですか。

遠藤 そうですね。ひとつは僕自身がブンデス1部で戦えるようになって少し自信がついているのもあると思いますし、これから代表でボランチ、中盤としてやっていくのであれば、チームの中心選手としてプレーしなくてはいけない、という覚悟みたいなのも最近は持っています。

岩政 プレーでいえば、昨年（2020年11月13日）のパナマ戦は印象的でした。後半から遠藤選手が出場して流れを変えた。プレーの質はもちろんのことなんですが、まさに立ち位置の取り方が全体のバランスをみたものだったと思っています。（具体的には）いわゆる「へそ」、センターバックの前の位置で「いいポジションからプレーする」ことです。このあたりは、意識するようになったところですか？

遠藤 そこはかなり意識するようになりました。ドイツに移籍してからは特にそうですね。いまの監督との出会いも大きかったですし。ブンデス1部は2部に比べてプレッシャーがあるリーグなので、その中であっても僕が「ボールを受けて前につける」にはどうしたらいいのか、とか「自分たちのやりたいサッカーをする」には？　とか考えてプレーをするようになりました。（そのためには）相手がどういう守備のやり方をしているか、相手の立ち位置（を見ますし）、いまプレッシャーをかけたいんだろう、ちょっと落ちてブロックを作って守る時間なのか、など（いった心理面や状況を読む）相手の立ち位置、戦術、試合状況などを考えられるようになりましたね。

岩政　まさに相手を見ながら、相手の意図やどうしたいというのを感じながら、プレッシャーを自分でデザインしていく感覚だと思いますけど、そういうのは自分で考える以外にチーム内とか監督からも話をされて、アップデートしていくんですか？

遠藤　監督もそういう話はします。相手の守備の仕方、特に中盤なんかはトップ下を1枚置いているのか、2ボランチ気味にプレーしているのか、それともアンカーが1枚いて2シャドー気味にプレッシャーをかけてくるのか。このあたりは監督もすごく気にしていますし、僕らも立ち位置を2ボランチにしたり1ボランチにしたりというのは、状況を見ながら変えてやっています。

岩政　なるほど。ブンデスはボランチあたりで絶対に展開させないみたいな意識が強いように感じるんですけど。

遠藤　（その意識は）かなりあります。ボランチに（ボールが）入るとフォワードの選手が

遠藤航：1993年2月9日生まれ。VfBシュツットガルト所属。湘南ベルマーレ、浦和レッズ、STVVから現所属。2020－21ブンデス・デュエルランキング1位。日本代表。

プレスバックしてくるのに加えて、（相手の）ボランチからもプレッシャーが来ることはよくあります。なので、かなり時間がない中でワンタッチではたくのか、前を向くのか、（相当）考えながらやらなければいけないですね。

岩政　（その点で）チームが高い位置で守備をしにいくとき、チーム作りの原則としてひとつだけ決めなきゃいけないことがあると思っているんです。

遠藤　はい。

岩政　ボランチにボールが入ったときに——その入り方はいろいろあると思いますが——、誰がどこまでプレスをかけて、ということをはっきりと決めていないといけない。これはチーム作りの原則だ、と（原則7）。あまり日本のサッカーとくくってしまうのはよくないですけど、「高い位置で守備をしよう」というときに、ボランチはどうするのか、2トップが追うんだったら誰がどうするか、サイドから侵入してくるときは誰が切るのか……いろんなことが曖昧なまま試合をしているように見えるんですね。それがブンデスになると、選手たちの理解もあるんでしょうけど、あらゆる状況が想定されている。絶対にプレスバックがきて、それによってバックパスになってハイプレスに移行します、といった「後ろ」からいかにハイプレスディフェンスへ移行していくかが、すごく整理されているように僕は見えるんですね。これって何を肝にチーム作りをするんだろうと思っているんですけど。

遠藤　ボランチを締めるのは原則としてありますね。そのうえで（所属する）シュツットガルトの場合は、前からプレッシャーにいくとき、特に中盤はマンツーマン気味でやります。ボランチに誰が付くかはっきり決めちゃうんです。で、僕はちょっと、マンツー気味でいきながらも、（前からプレスにいくと）後ろ側が数的同数になる場合が多いので、（自分が）プラス1をうまく作りながらバランスを見る感じです。

岩政　なるほど。

遠藤　他の中盤の選手は、（マンツーマンで）人をつかみながら、フォワードの選手は多少ボランチを消しながらプレスにいきます。ただ、ボランチを消しすぎるとセンターバックに入ったときにプレスにいけない状況になってしまって、結果的に後ろに下がってブロックを作っちゃうみたいなことがあるので。

岩政　そうそうそう。

遠藤　はい（笑）。そこはフォワードもそこまでプレスバックを気にせず、（むしろ、相手が）バックパスをしたらセンターバックに対してどんどんプレッシャーをかけていくくらいの立ち位置の取り方をしていますね。

岩政　まさに4－4－2でよくそういうシーンがあるんだけど、2トップがセンターバックにいってくださいといったときに、（さらに）ボランチもケアしながらというのはほぼ無理で。

遠藤　無理ですね。

岩政　そう、その結果、（守備位置が）下がってしまう。「高い位置にいけよ、いけよ」と言うわりには、ここ（ボランチに誰がいくのか）の整理がついてないから、結果、いけないじゃん、ってなってしまうことがすごく多いような気がするんですよね。

遠藤　それはありますね。

岩政　（ドイツではそれがしっかりできているのは）選手たちに原則が伝えられているからできるんだろうなと感じます。だからそこの押さえ方をもっと緻密に、——どこまで選手たちに詳しく伝えるかは別にして——デザインしておかないと難しいんだろうなと思います。

遠藤　特に、そのフォワードの選手が、例えばサイドバックにボールが入ったときにボランチを気にして、サイドバックの選手はバックパスをしそうなのに、ボランチに向かって走っている。ボールは後ろに下がるけどフォワードの選手はボランチに向かっているからセンターバックに対してプレッシャーがかからない、みたいなシーンはかなり多いですね。いまのシュツットガルトは、そこに入ったらフォワードの選手はセンターバックに付く、とまではいわないですけど（センターバックとボランチの）間の位置に立って、ボランチのところには確実に中盤の選手がいるんですね。近い位置に、ほぼほぼマンツーマン気味に押さえています。そこで、後ろもある程度ラインを高めにして、全体がマンツーマン気味でしっかり押さえられている状況にします。

岩政　うんうん。外からのボールに対しても他の選手が（ボランチに）いってくれるよっていう設計をしてくれればフォワードの選手は（高い位置に）残れるんだけど、それがないと一回、ボランチに戻らなきゃいけなくなって、前にいけない。じゃあブロックを作り直しましょうとなる……。なるほど。だからやっぱり、ここ（ボランチ）だけ決めてしまえば後ろは勝手にいけちゃうんだと思うんですよね。そこをしっかりと提示できれば、あとはパンパンといける気がしていて……。

遠藤　はい、それはそうですね。僕の感覚だと、日本は、センターバックがサイドバックへボールを出したところに対してプレッシャーをかける、というのが多いのかな、と思います。ブンデスのチームは、サイドバックにボールが入ったときももちろんサイドハーフの選手が1枚、いくんですけど、どちらかといえば、バックパスがプレッシャーをかける合図みたいな感じなんですね。相手がバックパスをした瞬間に前にいく。もう一回ゴールキーパーに戻されたら、フォワードがそのままいけるのであればいく。それで後ろは基本的にマンツーマン気味でつかみにいきながら、長いボールを誘う。後ろは同数になっていますけど、そこはしっかり競りながら、中盤でセカンドボールを拾う——みたいな（のが設計されている）。バックパスがスイッチになる、という守備のやり方は、ブンデスでは多いですね。

岩政　スタンダードになってきましたよね。

フル動画は
こちらから
➡

×鎌田大地「立ち位置を見つける」

岩政　攻撃について、崩しにいくという点では、相手のシステムのことを頭に入れて試合をしていますか？

鎌田　しています。（システムの噛み合わせで）どこが空くかはある程度考えていて、敵の位置を見ていなくても（パスを）出していることもあります。だからたまにとんでもないミスをするときもあって（笑）、味方がいるもんだと思って出したらいないみたいな。でも、頭の中にはありますね。

岩政　それって自分の中の戦術的な記憶じゃないけど、最初は「このシステムだったらここが空きがちだ」っていうことをベースに見るということですよね？

鎌田　というより、「ここが空く」というのは、チームとしてつねに言っていることだからやっている感じですね。結構、そういう分析の映像とか試合を見るのは好きなんです。だから、「わりとこの辺が空いているな」というのは頭の中にあります。サッカーって、「このフォーメーションでこのタイミングだからここが空く」とか「リスクを賭けていかないだろう」というのは正直、あるので。

岩政　なるほど。相手によっても変わるでしょうけど、例えば4バックだったら、まずこれをやってみようって考えることってあります？

鎌田　うち（フランクフルト）が5バックの5－2－3でやっているんだったら、僕的には4バックのチームはすごくやりやすいです。3バックだとマンツーマン気味にあてられるんで――僕は、フィジカルも強くないので嫌いなんですね。でも、4バックだと（相手の）ボランチの選手が僕たちを見ないとダメなんですよ。だから裏へ抜けると、ボランチの選手が付いてくるか、ディフェンス（ライン）の選手が付いてくるかが曖昧になる。僕は足が速くないから、そういう部分で勝たないとだめで、なので4バックのほうがありがたいなと思います。

岩政　（ミドルサードのハーフスペースあたり）でフリーで受けられるからね。

鎌田　そうですね。

岩政　じゃあ、いまヨーロッパでも増えていますけど、（相手が）3バックで噛み合わせてきて、その「抜け出し」がしづらくなったらどうしますか。この守備の仕方は主流になりつつあるとも思うんですけど。例えば、守備側の中盤は逆に少なくなっているのでそのあたりを使いたいというのはあるんでしょうけど……。

鎌田　もちろん、どんな選手がいるかによって違うんですけど……、（3人＋2人の）ディフェンスラインでも、うちのインサイドハーフが下がると付いてくるディフェンダーがいるんですよ。そういうタイプの選手のときは、めちゃくちゃポジションを下げて、（1枚

鎌田大地：1996年8月5日生まれ。アイントラハト・フランクフルト所属。サガン鳥栖から現所属。2020－21にはブンデス1部32試合5得点12アシスト。日本代表。

つり出して）トップの選手と相手ディフェンダーが一対一になるようにはしていますね。逆に、下がったままのディフェンダーなら、（相手の）ボランチが嫌がるようなポジション取りをするようにします。僕がそこで相手のディフェンダーの前にいても、付かれて終わりなので、ボランチの選手が僕を切りにこないとダメなようなポジションですね。そうすると、うちの中盤が空くのでそこに当ててから、前にいけるように考えています。

岩政　鎌田選手から中盤へ。なるほど。

鎌田　それをずっとやっていれば相手のボランチも、うちの中盤のコースも切りながらのポジションに変えてくるので、（自分へのマークが薄くなって）自分でターンして、とか（できる）。なので、相手のボランチとかディフェンスラインが「なんか嫌だな」と思うポジション取りはしています。

岩政　なるほど。試合が始まってフラフラしているって先ほどおっしゃってましたけど（※）、フラフラしながら自分の近くにいる選手たちが何を嫌がっているかな、ということを探ってるということですよね。

（※試合前、ミーティングや監督の指示などが明確にある一方で、「矛盾するんですけど、試合中はあまり……自分がやりたいように動いていたら割とスムーズになっているという感じなんです。あまり考えてはいないんですよね。自分がフラフラと動いていたらある程度回っているという感じですかね。そこまでめちゃくちゃ考えているわけではないです」と話していた。）

鎌田　そうですね、でもマンマークだけが一番嫌ですね。自分は足も速くないから、動き出しでパッといっても追いつかれる。なかでも嫌なのが下位のチームと試合をするときで、本当に難しいのが相手の2センターバックが余って、ボランチの2枚で僕を見てくるんですよ。だから僕がボランチの脇でボールを持っても、前はディフェンダーがたくさんいるし、サイドに出して裏に抜けようとしても、ボランチは来ないけどセンターバックが来るんです。うちは、シャドーの僕と反対のシャドーのユネスが（攻撃を）作っているから、そこは難しいですね。他の攻撃がいいクラブだと、ボランチやアンカーのポジションの選手が試合を作って最後の部分を前の選手がやればいいので、これに対応できるんですけど、うちは難しかったですね。だから、上位チームとやると点を取れるんですけど、下位チームからは取れる可能性が低かったです。

岩政　逆に言うと、ポジションの優位性をうまく取れるような相手だったら、相手の能力が高くても十分にやれるな、というのがある。

鎌田　そうですね。結局、ボールを受ける位置がすごく大事だと思います。いい位置にいれば、相手がどんなに良い選手でも戦い方はいろいろある。さっきの3バックで、逆サイドにボールがあるときに真ん中のほうに寄ってセンターバックとボランチの間までいったりするんですよ。そうすれば、自分の前にいた（同サイドの）センターバックを無力化できる。もうひとりのシャドーのユネスは同じような状況で、相手が付いてきてもドリブルではがして自分でいけるんですけど、僕は自分ひとりでなんとかはできないから、どれだけそれ以外の部分でフリーになれるか、そこで勝負しなければダメだと思っています。だからそのポジション取りはすごく意識しますね。

岩政　なるほど……。例えば逆サイドにボールがあるときって、基本的に相手の守備の原則からいくと「チャレンジ&カバー」だから、ラインブレイクしようと裏へ走っちゃうとそのまま付かれる形になるけど、真ん中へ寄っていったら、相手は「どうしよう」って迷うよね……ということを自分の中で見つけて、相手が嫌がったらどんどんやっていく、と。

鎌田　はい、そうですね。基本的に自分の同サイドのセンターバックが、真ん中まで付いてくることは絶対にない。ボランチが消しに来ることはあると思いますけど……。

岩政　うーん、なるほど。こういうのは自分で見つけていったものですか？

鎌田　そうですね。

岩政　チームが設定しているものではない？

鎌田　はい。そうじゃないと僕はボールに触れないので。僕自身が消えてしまうから。

フル動画は
こちらから
➡

現場にどう落とし込むか

野中郁次郎さんは、その書籍をとおしてわたしに大きなヒントをくださいました。きっかけは妻が仕事関係で勧められたという野中さんの名著『知識創造企業』（竹内弘高共著・東洋経済新聞社）が机に置いてあり、それをパラパラとめくったことでした。そのとき、最近気になっていた「暗黙知」「形式知」の言葉が目に入ったのです。

その前に読んでいた『世界標準の経営理論』（入山章栄・ダイヤモンド社）の中で取り上げられていて、なんとなく意識に刷り込まれていたのだと思います。

「暗黙知」とは言葉や文章で表現するのが難しい主観的な知で、個人が経験をもとに暗黙のうちに持つ思いや信念、感覚やノウハウなどのこと。「形式知」は、言葉や文章で表現できる形式化された客観的な知のことです。

この本の中で野中さんは「形式知ありき」の経営が多く見られるようになったこと

への警鐘を鳴らしています。別の著書『共感経営』（勝見明共著・日本経済新聞社）の中では「企業は分析過剰・計画過剰・法令遵守過剰だ」と表現されています。

野中さんが著書の中で紹介されているSECIモデルは、暗黙知をスタートにサイクルを回す重要性を説きます。わたしなりの解釈で言えば、「まずやってみる（経験してみる）」ということです。

分析をして、組織の「正解」みたいなものを決めてそこに向かう「形式知ありき」ではなく、まずやってみて、そして、その言葉にし難い経験を比喩や象徴により表現し、共有をして、組織の方向性を決めていきます。なぜなら、形式知ももとをたどれば暗黙知であったもの。そして、いま、形式知になっていない暗黙知が、わたしたちの身の回りにはもっとたくさんあるから——。

わたしも「言語化」なるものに解説者、指導者として取り組みながら、「言葉にすること」の危険性に問題意識を持ってきたので（『PITCH LEVEL』2017・ベストセラーズ）、パラパラとめくったときに「これだ」と思いました。

ご興味ある方はぜひ、『共感経営』や『直感の経営』（山口一朗共著・KADOKAWA）を読んでいただきたいのですが、野中さんは暗黙知を共有していくために大事になるのが「共感」を生み出すことである、と指摘されています。「他者視点」に立って考えるということです。

つまり、まずデータや分析結果から入ろうとするのではなく、胸や腹で感じようとすること。「人」に目を向けること、とも言えるでしょうか。これはまさに、わたしがサッカーをとおして、感覚的にずっと大事にしてきたことに完全に重なるのです。

また、共感を呼ぶためには「名詞ベースではなく、動詞ベースの働き方だ」とも説いていらっしゃいます。「自分たちはどうありたいか」「なんのために仕事をするのか」という目的意識や問題意識を行動原理とすべきだということです。

これも「夢」といった「ｗｈａｔ」で語るものは必要ない、と感じていたわたしの考え方にそのままフィットするものでした。

野中さんの本を読みながら、見えてきたのは指導者としての方向性でした。

考えてみれば、サッカーをしてきて「プレーモデル」やら「ゲームプラン」なるものを提示されたことがない。——それこそが良かったのではないか？　そう思い始めたのです。

わたしがこれまでプレーしてきたチームでは、「自分たちのサッカー」なるものを明確に定義されてはいなかった。鹿島アントラーズでは、毎試合の「ゲームプラン」

さえもありませんでした。

もちろん相手チームの情報は与えられますし、注意点はいくつか提示されます。監督によって重要視するポイントは変わり、描くサッカーの形は存在しました。しかし、それらはすべて抽象的であり、具体化していくのは、われわれ選手が試合の中で相手を見て、流れを見て考えていくものでした。

では、どうやってチームは同じ方向を向くのか。

それこそが概念的な理念です。例えばアントラーズでは「すべては勝つために」。あとは「誠実・献身・尊重」もそうですかね。ファジアーノ岡山では「子どもたちに夢を」でした。

監督はここに、より明確なサッカーの絵を描かせる自分なりの哲学を提示するわけですが、そこにも具体的な「名詞ベース」のものが出てきてはいけないのだろうな、と思うのです。

つまり、「パスサッカー」や「ポゼッションサッカー」「カウンターサッカー」などのような、具体的なものは必要ない。むしろ選手たちの頭を固定させてしまいます。

「去年までと180度違うサッカー」なんかもそうです（アントラーズファンの方はハッとするかもしれませんが、ザーゴ監督が就任したときの言葉です）。180度だと具体的になってしまうんですよね。30度でも120度でも、どこかあやふやなまま余白を残しておけば良かったのに――、と思います（これは後出しじゃんけんではなく、ザーゴ監督がこの発言をされたときにも「PITCH LEVEL」ラボのLive配信の中でお話しました）。

一方で、（抽象的なプレーモデルを提示するということは）、プレー一つひとつを見て、「人」に入り込み、その人のための解決策を具体的に示せる目と言葉というものが絶対的に必要になります。それがなければ、ただの「何もない」になってしまいますから。

第2部

PART.2

第4章

CHAPTER.4

現場にどう落とし込むか？
～言語化は必要なのか～

4－1

現場における指導者が提示すべきもの

準備期間1日の「対バルセロナ」

現場で原則をどう使っているのか。何が必要で、何が難しいのか。ここからは第1部をベースに具体的にどうチームに落とし込んでいくのかを提示していきたいと思います。

いまわたしは上武大学サッカー部の監督をしています。昨年（2020年）までは、文化学園大学杉並中学・高校（文杉と呼んでいました）のサッカー部で外部コーチ（監督）をしていました。文杉はサッカー部ができたばかりでグラウンドもなく、テニスコートで練習をする日々。もちろん、「サッカーをするために入学した」という子はいませんでした。

一方、上武大学は北関東大学リーグに所属し上位争いをしています（とはいえ、このリーグで優勝し、入れ替え戦に勝つことで関東大学リーグ2部に参入できるという意味では、まだ上がいます）。専用グラウンドがあり、部員も200名近い大所帯。

技術的にもサッカーをやるモチベーション的にもまったく異なる「現場」です。どう伝えるべきか、接していくべきかを日々模索し、考え続けています。

思えば、わたしの「はじめての育成の指導現場」は、とても印象的なものでした。

本書のテーマとも通ずる、学びが多い時間だったので、まずそちらのエピソードを紹介したいと思います。

2019年8月のこと、わたしは「U－12ジュニアサッカーワールドチャレンジ2019」に参加してきました。

日本と海外のU－12カテゴリの32チームが集い頂点を目指す、大阪で開催されている大会です。トップチームの名門でいえばバルセロナやバイエルン、国内ではガンバ大阪やコンサドーレ札幌のU－12が参加する中で、街クラブから選抜された48人が集結し、それを半分に分けて「大和ハウスFUTURES」と「大和ハウスDREAMS」を結成して参加するのも、この大会の特徴のひとつです。

そしてわたしは「FUTURES」の監督という大役を拝命しました。グループリーグの対戦相手はベガルタ仙台ジュニア、JFAトレセン大阪U－12そしてFCバルセロナ。大会期間は4日です。準備期間は1日。選手たちと顔を合わせた翌日には開幕という難題でもありました。

限られた条件の中でしたから、集合する前にチーム作りについていろいろとシミュレーションをしました。選手たちのレベルも性格も、そもそも名前さえわかりません。加えて選手たちもお互いを知らない中でのスタートになる。一歩間違えればバラバラになってしまうプレッシャーを感じながら、大阪に向かいました。

初日（開幕前日）。昼前に大阪に着いたわたしは、選手たちと対面するとすぐにミーティングを開きました。

この大会を通じてわたしが最低限、成し遂げたいと思っていたことが「選手たちが思い切りプレーできる雰囲気をチーム内に作る」こと。特に、グループリーグの最終戦でバルセロナと対戦することになっていましたから、そのときに選手たちがビビったり、様子を窺ったりしながらプレーするのではなく、持てるものすべてをぶつけていけるようにチームを持っていきたいと考えていたのです。

そのためには、最初のミーティングでわたしから多くを提示するような内容ではいけない。そう考え、まず全員に自己紹介をしてもらいました。名前、ニックネーム、ポジション、出身などに加えて「今大会でぶつけたい自分のプレー」を発表してもらいます。

わたしからは3つのテーマについて話をしました。

ふたつはメンタル的なことで、発表してくれた「今大会でぶつけたい自分のプレー」を存分に出してほしいということ、そしていま聞いた他の選手の「今大会でぶつけたい自分のプレー」を存分に出させてあげることを考えてほしい、ということ。

残りのひとつは、守備の全体像のイメージです。「コンパクトに守ること」をチームの約束事とし、そのために「相手ボールになったら全員がペナルティエリアの横幅に入り、そのまま全員が固まりとなって動こう」とだけ話をしました。

最後に「すべての試合を、勝つためにプレーしよう」と目標を掲げ、「すべての試合を勝つ」ためには「すべての局面を勝ちにいかなければならないよ」とも伝えました。

このミーティングで意識したのは「細かいことは言わない」ということでした。チームとして、どういうイメージを共有するのか。何のためにそれをするのか。そうした大きな枠組みだけを伝え、細かいことはその日に設定されていた3試合の練習試合で微調整をしていこう、と思っていたのです。

「ねー、ガンちゃん?」

準備は順調に進みました。ミーティングで伝えた漠然としたイメージをベースに、練習試合の中で少しずつ細かい指示を出していき、全体像を作っていきました。

例えば、守備時におけるコンパクトな意識を全体でつなげるために「ボールと逆サイドの選手の守備時の立ち位置」を注視します。これは、中途半端になってしまいがちな逆サイドの選手の立ち位置を伝えることでボールに近い選手がチャレンジしやすい距離感を作ろう、という意図がありました。

また、立ち位置と目線にも注意を払いました。今大会は、JFAがU-12で導入している8人制の試合ではなく、11人制です。8人制に慣れている多くの選手は、攻撃時に不必要にボールに寄っていってしまう選手や、近くから目線を配ってしまう選手が目立ちました。これらを指示とハーフタイムの問いかけで調整しました。すると、徐々にサイドバックが高い位置を、中盤の選手が中間ポジションを取るようになったのです。

迎えた大会1日目。

初戦はJFAトレセン大阪U－12、2戦目はベガルタ仙台ジュニアとの対戦。結果は0対2、1対3と勝ち点を得られませんでした。

負け惜しみになりますが、体格に優れた数人の相手選手に一発でやられたものばかり。練習試合ではそうした〝裏一発〟のような状況があまりなかったことに加えて、選抜チームゆえ、普段ディフェンダーをやっている選手がほとんどおらず、対処に苦慮している間に失点を重ねてしまいました。

ただ、わたしは手応えを感じていたのです。選手たちは立ち上がりこそ硬さが見られましたが、徐々に自分を解放できていました。なにより、試合後に選手たちが自分で改善点を考えて、「ねー、ガンちゃん（今大会のわたしのニックネームです）、ボールが裏に蹴られそうなときはラインを合わせなくても良かったのかな」などと話しにきていたからです。

だから、わたしもかしこまってミーティングなどで話すのではなく、歩きながらフラッと声をかけるようにアイデアを伝え、わたしの指摘が彼らの中で必要以上に大きくなりすぎないように気をつけました。

大会2日目。バルセロナとの対戦でした。

バルセロナ戦前日の夜。わたしは「対バルセロナ」を考えていました。小学生であってもバルセロナです。事前に見た彼らは、幅を取るウイング、ボールを持ち運ぶセンターバック、ライン間を巧みに使ってくる中盤、早い切り替え――そのまま体を小さくしただけのバルセロナでした。

ただ、相手を見て空いたスペースを突いてくる判断がまだまだシンプルで、駆け引きがトップチームの選手たちほどはないため（当たり前ですが）、スペースを簡単に使ってくれます。そのため、対応の仕方さえ事前に整理しておけば混乱することはないだろうと思いました。

対応の仕方は何種類かあります。そのどれを使ってみようか……。

考えている最中にふと思いついたのです。待てよ。選手たちに「対バルセロナ」を考えさせてみてはどうだろう、と。幸いバルセロナとの試合は夕方に設定されていました。時間はたっぷりあったのです。わたしが決めたやり方でバルセロナに対抗するより、はるかに彼らの心に残ると思いました。

子どもたちの「対バルセロナ」

バルセロナ戦当日の昼、ミーティングを開いて前半と後半のメンバーを発表しました。せっかくのバルセロナ戦です。24人全員をできるだけ均等に起用する意向を伝えました。そして、前半組、後半組を順に呼び、「前半の対バルサ」「後半の対バルサ」を自分たちで考えてみようと問いかけました。わたしは議長です。

とはいえ「ただ考えなさい」ではさすがにハードルが高いですから、バルセロナの戦い方を紹介し、それに対する案が出てきたら、それをすることによって起こるであろう状況を伝え、さらにその対応策も考えてもらいました。

そうして決まった前半の戦い方はバルサがビルドアップに入ってきたら4-2-3-1の形で中を極端に閉め、外に誘導して連動する。攻撃になったらセンターバックが持ち出してハーフスペースを攻略していく、というもの。後半は、守備時は4-4-2のような形になり、前は2トップ気味で追い、それ以外の選手はやや外に広く埋めてそれぞれのマーカーを見る。攻撃時は形を変形させて4-1-4-1のように立ち位置を変えていく、というもの。前後半でまったく違った戦い方でした。

結果は前半0対0、後半0対2。負けてしまいましたが、ゲームプランはどちらもハマっていました。バルセロナを本気にすることができたと思います。実際、試合を見ていた関係者の方には「とてもいい試合だった」と幾度となく声をかけてもらいました。

いい試合ができたのはゲームプランがハマったおかげではありませんでした。彼らがすべての球際を本気で勝ちにいったからです。感動的でした。何度かわされても、何度倒されても、怯まず恐れず勝ちにいく姿。

あの日の時点でレベルの差は確かにありましたが、それを肌で感じた経験は何にも変えられないものだったはずです。そして、それは思い切りぶつかったからこそ得られた感触です。

グループリーグ3連敗で迎えた最終日は各グループの4位同士のトーナメントに臨みました。「素晴らしい経験」「素晴らしい試合」で終わらないよう、最後に勝ち切るところまで到達してほしいと願っていました。

そして、最終日の結果はレノファ山口に1対0、名古屋グランパスに1対1（PK3対1）の2連勝！　特に最後のグランパス戦は結果、内容ともに素晴らしい試合をしていました。あまりに素晴らしかったからハーフタイムのわたしの言葉は「ガンちゃんからの指示はなし！」。後半に先制されたあともあきらめずに攻め込んで同点に持ち込み、PK戦ではベンチにいたメンバーを含めみんなで戦って勝つことができました。

子どもたちはきっと貴重な経験をしたと思います。しかし、それはわたしにとっても大きなものでした。

4-2 わたしは「言ってない」

はじめての育成年代の指導現場。わたしはこれを「ガンちゃん奮闘記」と呼んでいます。いま思い出しても、素晴らしい時間でした。

さて、ここでお話したいポイントです。

試合を見ていていろいろな方から賞賛の言葉をいただきました。「素晴らしい連動ですね」「縦パスを起点としてからのサイドの崩しが見事でしたね」などなど。それらは多分にお世辞が含まれていたとは思いますが、それは一旦置いておいて……、面白いことにわたしは「連動しよう」とも「サイドを崩そう」とも選手に伝えていないのです。一言も、です。選手たちには書いたこと以上の話をしていません。

ミーティングと練習試合で伝えたのは、一人ひとりの立ち位置の調整の仕方、チャレンジを褒めてあげることだけ。しかし、その結果として、確かに「連動」や「崩し」の形が現れた——。

言語化。

スポーツ界に限らず、ビジネス、組織論や育成、教育などいろいろな分野でその必要性が叫ばれています。特にサッカーにおいて、いや日本のサッカー界にとっては**「サッカーを言語化」していく作業**は圧倒的に重要だと思っています。

第1部で書いたような、「サッカーの原則」も言語化が必須です。「こうなれば、こうなる」をしっかりと分析し、継承していくには言葉にすることが欠かせません。また、「起きていること」を原則、判断・能力、現象に分解する際にも言語として捉えなければ理解は進まないでしょう。

実際、「言語化」できることで救われたことは何度もあります（というより、才能がなかったわたしはそれしかできなかったわけですが……）。また、解説や選手のインタビューをする立場になってから、言語化できる選手は長く活躍する、選手としてのひとつの武器になるんだ、と感じたものです。

例えば中村憲剛くん、川崎フロンターレのバンディエラです。ひとつ歳上の憲剛くんとは大学時代から縁があり、僕は学芸大学、憲剛くんは中央大学でプレーをしていて互いに大きな注目を集める存在ではありませんでした。そこからわたしはなんとか滑り込んだ程度ですが、憲剛くんは日本代表でも68キャップを記録する素晴らしいプレイヤーになりました。

日本サッカー界において大学卒のプレイヤーは多くないこともあって、勝手にシンパシーを感じていたわけですが、もうひとつ「サッカーの言語化」の必要性を認識する存在としても——もちろんそれはお互いにまだまだ十分ではないことを承知しつつ——共通点があったではないか、と思っていました。

憲剛くんはわたしのインタビューを受けたあとにいつもこう言っていました。「インタビューはいいんだよ。話すことで考えが整理できる」と。憲剛くんはプロに入り、インタビューや質問から逃げずに、積極的に答えてきたことから徐々に「言語化」ができるようになった、と言います。

振り返ればアントラーズ時代、記者さんはいつもわたしのところに来ていました（ふたつ上のゴールデンエイジに口下手な方が多かったものですから、きっと困って来ていたのでしょう）。質問に対してはなるべく自分の言葉で答えるようにしていたこともあって、いつからか「負けた試合のあとは岩政が話してくれる」が定番になっていました。言い訳として捉えられたり、他人ごとのようだと批判を浴びたこともありましたが、いまとなっては、それがわたしの「言葉」を作ってくれたと感じています。

憲剛くんとの言語化における共通点は若手への接し方にもありました。プロの世界において選手はみな個人事業主で、若手もベテランも関係なく、生きるか死ぬかの競争の中で生きています。良くも悪くも自分が一番で、他の選手に対して少し引いたところで見ている。例えば苦しんでいる、悩んでいる若手に対して積極的にアドバイスをする選手は多くありません（決してそれを非難する意図はなく、それが当たり前なのです）。

しかし、憲剛くんは（そして、わたしも）他の選手を引き上げたい、いいところを引き出したいと考えるタイプでした。その選手に足りないものは何か、必要なものは何か、声をかけるタイミングはいつか、その言葉は――。それはただサッカーに打ち込んできた中のひとつの作業に過ぎなかったと思うのですが、いろいろな若手に対して、特にサッカーへの理解が浅い選手に対して言葉を選び、言葉で動かそうとしてきたのです。

そう考えると、憲剛くんもわたしも日本で長くプレーしてきたからこそいまがある、と感じます。ヨーロッパに渡って、世界のトップに挑んでいく経験は何物にも代えがたいものので、正直羨ましい。しかし一方で、ヨーロッパではいくらチームの中心となっても助っ人になるわけで、自国の中心選手が得るものとはまた違うでしょう。

ヨーロッパに渡り、裸一貫で自分の居場所を見つけていく中で経験できることも当然ありますが、日本代表クラスになったらヨーロッパに渡るのが当たり前になってきた現代においては、わたしたちのような経験もまた、より貴重になっていくかもしれません。ただ、それが貴重になるか否かは、日本で長く中心選手としてプレーしたからこそできることを積み上げられているかが重要になります。だからこそ、「言葉を使いながらサッカーをする」

というのはひとつのキーになるだろうと思います。

話が逸れましたが、ここで考えたいのは言葉の重要性についてです。指導の現場にあってもそれを何度も痛感します。

ここ数年は、テクノロジーの精度が格段と上がり、さまざまなものが「見える」ようになったことで、「言語化」の重要性を説く論調が、サッカー界でも一大ブームになっています。長く、その重要性を感じてきたわたしとしても、喜ばしくたくさんの刺激をもらっています。

しかし、です。

あまりに**なんでも「言語化」しようとする風潮に、弊害**も感じ始めています。こと「チームビルディング」、本書のテーマでいえば躍動する論理的なチームを作るには、そして「サッカーの原則」や「プレーモデル」といったチーム作りの根幹を成すものに関しては、具体化しすぎることによって、結果的にうまくいかなくなるのではないか、と。

ずいぶんとテーマが迂回しましたが、ようやくここでこの節の冒頭に書いた「わたしは言ってない」の話になります。

4-3

ポステコグルーとロティーナのチームビルディング

ポステコグルー監督とロティーナ監督の練習を見にいったことがあります。前者は現セルティックFCの監督で横浜F・マリノスで素晴らしいチームを作り上げました。後者は東京ヴェルディ、セレッソ大阪そしていまは清水エスパルスの監督として哲学のあるサッカーを展開しています。ふたりとも「監督の力でこうも変わるものなのか」というほどのチームを作り上げた稀有な存在で、志向するサッカーのカラーこそ違いますが、そこに再現性や具体性が見えるという点では共通点も多いと思っています。

わたしが見たのは、いずれも公開練習の日。ロティーナさんについてはセレッソの監督をしていたときのことですが、非常に学びの多いものでした。

まず、ふたりに共通していたのが練習の指揮をほとんどコーチに委ねているという点。練習前には綿密な打ち合わせをしてメニューを作成しているのだと思いますが、練習の説明もプレー中の声がけもほぼすべてコーチが行なっていました。

アップやフィジカル要素の強い練習ではフィジカルコーチ、テクニカル（技術）やタクティカル（戦術）の要素の強いメニューではヘッドコーチと役割分担がなされており、その間、監督は見守っていることがほとんどです。

一方、練習の中身に目を向けるとやや違いがありました。強調するポイントです。

マリノスは早い切り替え、パスのテンポなど選手たちにスピードやインテンシティを求めるようなメニューとオーガナイズ。つねに選手を休ませないような声がけやボールの配球を行なっていました。練習の最後に行なわれた「縦横の幅」を狭くした紅白戦でもその意識はよく見られ、選手たちは速いテンポの中で激しくぶつかり合う球際を繰り返していました。

セレッソは判断やプレーの選択に対する指示、練習がメイン。「相手がこう出てきたらそっち、そうでなければこっち」というように、相手を見てプレーを判断するように練習が設計されていました。実際、選手たちがプレーを選んでいくと全体がどうなっていくかがとてもわかりやすかった。オフ明けだったこともあってか、強度を求める声はほとんどありませんでした。

こうした違いは、チームの考えるプレーモデル、練習の定義によるものでしょう。

いずれにしても、両チームのサッカーに共通している「再現性と具体性」の秘密はここにあるのだと思いました。

練習の中で（コーチングスタッフが）落とし込むべきものが整理されていて、「何を取り、何を捨てるのか」に明確なコンセプトがある。指導者側に体系化された理論があり、具体性があるから、それを体現する選手たちのプレーにも具体性が見え、再現されていく。「チームにスタイルがある」というのはもはや現代サッカーには必須項目ですが、そのためには指導者の力量が問われていると改めて感じました。

そして、もっとも興味深かったのが練習後に、チーム関係者にヒアリングをして知った「言葉」についてでした。

セレッソでは対談をした水沼（宏太）選手から「リサイクル」という言葉を教えてもらいました。「やり直す」「サイドを変える」ときの指示らしいのですが、シーズンの最初はそればかり植えつけられていた、と。

「やり直す」には、いけなかったから止めるというネガティブな印象を含みます。「サイドを変える」では異なる状況がある。そこで「リサイクル」。なるほどいい言葉だと思うと同時に、「チームを変えられる監督」というのは**既存の言葉を疑いながら伝える努力をしている**のだな、と感じたものです。

そしてマリノス。実は、「5レーン」や「ハーフスペース」といった言葉はまったく聞かれないと言います。マリノスといえば、Jリーグでもっとも再現性高くハーフスペースを突いているチームのひとつです。しかし、その言葉が指示されたことはなく、あるのはスタートの立ち位置、そして相手の背後を突くための狙いとアクションだけだ、と言うのです。**ハーフスペースはその結果**ということでしょう。

同じようなことは海外のトップクラブを見ていても感じます。わたしは監督が代わったばかりのチームをチェックするようにしています。それまで（就任前）のチームの長所・短所をどう捉えていて、何をどうやって変えるのかという指導者の「頭の中」がよく見えてくるからです。

２０１９シーズン途中、ブンデスリーガの名門バイエルンはコバチ監督からコーチを務めていたフリック監督（この時点では暫定でした）に交代しました。そこからのバイエルンの強さは圧巻でした。このシーズンのブンデスリーガはもちろん、チャンピオンズリーグも制覇。昨シーズン（２０２０-21）もリーグ優勝を果たしました。

コバチ監督から受け継いだフリック監督が植え付けたのが「強度」と「切り替えの意識」です。現代サッカーの鍵ともいえる、ある意味「当たり前」のこと。指導者であれば、ほとんどの方がその重要性を認識しているはずです。

では選手たちに「強度」と「切り替えの意識」を、ピッチで体現させるチームにするにはどうすればいいのか。いや、それができるチームとできないチームの差はどこにあるのか。

これがまさに「伝え方」なのだろうと思います。繰り返しになりますが、いいサッカーを描くことはプロの監督、選手であれば誰でもできます。では、それは「いつ」「どのように」すればできあがるのか。（最終的には選手の質で決まる現実があるにせよ）現時点での最適解を見つけ、提示ができること。

それもできるだけ少ない言葉で明快に、がポイントだと思います。

あれだけの短時間でチームを変えたフリック監督のサッカーには、それらを強く感じたのです。

4-4 名将はどのくらい言語化しているのか

さて、では監督はどうやってチームを作っていくべきなのでしょうか。

サッカーの原則を踏まえたうえで、チームとしての約束事、決め事を提示し、プレーモデルを構築する（同じ絵を描く）ためには、どういうアプローチを取ればいいのか。

ここまで書いてきたのは、そのときに**「言語化」することが必ずしも正解ではない**、ということです。

ポステコグルー監督が「5レーン」と言わないように、ロティーナ監督が新しい言葉を作るように、そしておそらくですがフリック監督が具体的なプレーモデルよりも強度からチームを変えていったように……目指すサッカーをピッチで体現させるために、それを逐一、言葉にする必要はない。むしろ、弊害になりうる場合もある。

つまりいい指導者は、言語化するべきこと、そうではないこと（そのタイミング）をはっきりと理解されているのではないか——。

現場の数が増え、見るサッカーの回数が増えるにつれてそれは確信に近づいています。そして具体的なアプローチも見えてきました。


例えば、できるだけ少ない言葉で、明快に伝えるべきである。

例えば、練習のオーガナイズによってサッカーの原則、または約束事を刷り込ませる。


あるとき、日本サッカー界に大きな影響を与えた監督のひとり、オシムさんのチーム作りにふと、思い至りました。あの、とてつもないチーム——ジェフユナイテッド市原・千葉のことです——はどうやって落とし込まれていったのか。「走るサッカー」と評されてはいたものの、ただ「走れ！」と言い続けたわけではないだろう。

そうして「オシムチルドレン」の申し子といえるふたりに話を聞かせてもらいました。羽生（直剛）さんと、阿部（勇樹）ちゃんです。

その内容は、オシムサッカー以上に衝撃的なものでした。ポイントとなる部分を紹介したいと思います。

×羽生直剛・阿部勇樹「オシムサッカーを言語化する」

「せざるを得ない」練習のオーガナイズ

岩政　オシムさんのサッカーって対戦している身として、一番衝撃的だったんです。現象的なところを切り取ると「走るサッカー」「考えて走る」っていろいろと言われていたんですけど、得体が知れなくて、面白いなって思っていて。じゃあ、中にいる選手はどういう「原則」をもとにしていたのかな、ということを聞かせてください。いわゆる局面における戦いみたいなものは一旦、置いておいて、あのときのジェフの選手たちはどういう概念のもとああいうサッカーをされていたんですか。

羽生　えー。どうだろう……。

岩政　例えば、羽生さんはかなり重宝されていたと思うんですけど、どういうところを見ながら走る、というのはありましたか？　それともまずは走り出してみてからいろいろなところを見る感じですか？

羽生　両方あったかな。オシムさんが来た当初は、練習で「いいからどっか動け」って。「4

−1」とか「4−2」のボール回しでも、**「出したらその場所にいるな」**っていうのはあったよね、阿部？

阿部　ありましたね。

羽生　要は出したらどっかいけって言われるんだけど、そうするとふつうに4−2（の練習）をやっていても、他の3人がそこを埋めなきゃダメでしょう？

岩政　なるほど。

羽生　意識づけのレベルだとは思うんだけど、最初そういう感じだったから、**まず「プレーしたら動きなさい」を浸透させて、**それを埋めるのは違う選手というのも（徹底していった）。とはいえ、初期のころは素走りもあって、走る意識がついてきた2年目、3年目になると、素走りが減っていくみたいな……。

岩政　阿部ちゃんはどうだった？　チーム作りで言うと、どういうところにオシムさんは根幹を置いてチーム作りをしていたの？

阿部　一番最初は走る。

岩政　やっぱりまず走るんだ。

阿部　やっぱりまずそこだと思う。就任してすぐのときに「運動量が足りない」ってことは言っていたんだよね。だから、まず走る。走るから、ただ走ればいいんじゃなくて、いつ走るのか、どこに走るのかっていうのが加わっていったと思うけど。

羽生　確かに。

岩政　先に走るっていうところの提示があって、そこから……

阿部　どこに走るか、どのタイミングで走るのかっていうところが求められていたような気もするし。**羽生さんが褒められるときはだいたいそういうとき**だった。

岩政　なるほど。羽生さんも、「ポイントとして」褒められていたんだ。

阿部　羽生さんってやっぱりフリーランで、タイミングで走ってくれるから。

羽生　ボールのないところで飯を食ってきたからね（笑）。でもね、それこそ練習開始3分で「集中してねぇ」って言われて「グラウンド1周走ってこい」って罰走させられるくらい走らされた。期待の裏返しではあったんだろうけどね。ただ、俺は小さくてスーパーな能力がなくて、走るっていうところと、基本技術だけで認められていたから、あとは90分間相手にぶつかられない工夫をしろっていう感じだった。

岩政　なるほど。

羽生　だから、出して動く、出して動くをやっていたわけだけど、「お前がその強度を保てれば、まぁプロでもやっていける」って言いたいんじゃないかな、って解釈していた。

岩政　っていうことは、練習のテーマみたいなことは毎回何も言われない？　練習の中で、走ることや出して止まらない、みたいなことを少しずつ体の中に覚えこませる感じだったわけですか？

羽生直剛：1979年12月22日生まれ。FC東京クラブナビゲーター。ジェフユナイテッド千葉に2002～07年まで所属。FC東京などでJ1・344試合29得点。元日本代表。

羽生　俺は完全にそっち。結局（オシムさんの）**練習のオーガナイズがそうせざるを得ない**（ようになっている）。走らざるを得ない、このタイミングで飛び出さないと成り立たないとか、そういうのが多かったなぁって。阿部ちゃんはどうだったの。オシムさんについて阿部ちゃんと話すの、初めてだね。

阿部　あんまりないですね。でも思っているのは、羽生さんが言ったのと一緒で、振り返ったとしてもそう感じているんだなぁって。あと、いま思えばだけど、**練習のテーマはありません**、なんだけど、なんか**やっていることは次の試合に向けて必要なことが取り入れられてやっている**んだなっていうのは、——全部を思い出せるわけではないけど——感じるかな。特別に言われたわけではないんだけどね。

岩政　本当に言われないんだよね？

阿部　そうそう。

羽生　ここのポイントはここだよって言ったことはないよね？

阿部　そうそう。ゴール前（の練習）とかもいきなりやったりするじゃないですか。ああいうのをやっていると、（このプレーは）次の試合で大事なことなんだろうなって（考えた）。だから、オシムさんは、試合を頭の中で先にしているんじゃないかなぁって思ってて。

羽生　それはあるね。

阿部　ね、シミュレーションしていますよね。

はっきり言われていたのは「責任」

岩政 選手たちは練習で何も言われないのって戸惑ったりしなかったの?

阿部 めちゃくちゃ戸惑いましたよ(笑)。

羽生 戸惑いというか恐怖でしかなかったよ(笑)。

岩政 ははは。何も言われない、走らせまくる。それが少しずつ変わっていったのは試合で結果が出てから?

阿部 1年目は結構同じ感じ(戸惑い)でしたよね。

羽生 練習的にはね。選手としては、結果が出たからついていったところはあった。

阿部 なんですかね、あれ。練習でやったことが試合で出せて、結果を得ると、選手たちみんな自信を持ってやるようになりましたもんね。

羽生 当時は本当にね、(クラブに)お金もなくて、代表選手も少ない。そんなレベルでも勝たせてくれるんだなぁっていう感覚だった。あれで結果が出なかったらただの怖いおじいちゃん、結果の出ない独裁者だった(笑)。

岩政 あの頃って3バック、2トップで羽生さんはトップ下みたいな役回りが多かったですけど、立ち位置のようなものって何か言われたりするんですか?

阿部勇樹:1981年9月6日生まれ。浦和レッズ所属。1997~2006年までジェフユナイテッド千葉に所属。レスターFCなどでもプレー。J1・577試72得点。元日本代表。

羽生　覚えている限りだと、だいたい相手のフォーメーションを置いて、守備のときに大方マンマーク気味で担当が決まる。お前は今日こういう動き方、守備のときはこいつ見てって……、でも攻撃のところはあまりなかったかな。「自分たちが練習でやってきたことを試合でやれ」みたいな。だから、ミーティングのときに（フォーメーションを）置かれて、「あぁ、そういうことか」って感じる。そのあたりをケアしながら、攻撃になったら自分たちのことをやればいいんですね、みたいな感じだったと思う。

岩政　なるほど。阿部ちゃんは（鹿島戦だと）中盤の真ん中の野沢（拓也）、本山（雅志）さんあたりをマンマークするっていうイメージあったけど、全体がマンマークで付いていくっていうのがチームの約束？

阿部　なんかね、守備は決まっていた。お前はこの選手を見ろっていうのは、だいたい決まっていたかな。

羽生　だから相手のボランチ（自分がマークにつくべき選手）がミドルシュートを突き刺した瞬間、もうブルーだよね。明日のミーティングでぼろかすに言われる、終わった……みたいな。

岩政　マークすべき選手にやられたら、その選手が結構言われていたんですか？

阿部　その選手も言われるけど、なぜそこに至ったかっていうところで、それにかかわった選手がめっちゃ言われる。

岩政　失点に関してもに厳しかったってことですよね？

阿部　いや、なんだろう……。責任を持たせる意味でもはっきり言われていましたよね。

羽生　確かに。だから**責任（感）のない奴はサッカー選手になれない**、みたいな感じだった。

阿部　言っていましたね。

羽生　印象に残っているのが、坂本（将貴）さんが自分のマーカーを少し離して、スペースを埋めた。センターバックのカバーのポジションを取ったことで、マーカーの選手にやられたんだけど……

阿部　マリノス戦じゃない？

羽生　そうだっけ？　怒られたところしか覚えてないんだけど……「スペースは点を取らないだろ！　取るのは人だろ！」って言ってたことがすごく頭に残っている。確かにそうなんだけど、サカ（坂本）ちゃんからしたら、良かれと思ってそこに（ポジションを）取っているわけでもあるから……すげえなって。

阿部　ありましたね。

羽生　責任っていうのは結構ひとつのキーだったかもしれない。そこは厳格というか。

岩政　阿部ちゃんは（ポジション的に）、マンマークとはいえ抜けてきた選手のカバーはしなきゃいけないシーンもあるよね。それも頭に置きながらプレーをしていた？

阿部　そうだね。完全なマンツーじゃなくて、マークしている選手が下がって、そこに別の選手が上がってきたら、（バランスを見て）うまくやらなきゃいけない。「見てろよ」とは言われるんだけど、そこは**練習があったからできた**と思う。お互いが（攻撃において）「3人目の動きをします」ってなったとき、危険（点を取れる）なのはどっちか、という話になるでしょう。だから、**3人目が飛び出せっていう攻撃の練習だったけど、結局は守備の練習にもなっていたんだなって。**それがゲームでも生かされていたのかなとは思っている。

岩政　なるほど。いちいち「こういうときはこう対応しろ」って言うより練習の中に盛り込んでいくことで練度が高まったってことだよね？

阿部　そうそう。ボードで（表現すると）は全部（マークが）付いていけるけど、「そのとおりには動かないから」っていうことは当時、言っていたと思うんだよね。

練習に「ボードはない」

岩政　ほぉ……。じゃあ、練習のときにボードで説明することとかはほとんどなかった？

阿部　ボード、ないよね？

羽生　全然ない。

阿部　ミーティングのときだけ。ピッチで見た記憶がないから。

羽生　そう、ミーティングだけ。（それ以外は）全然ないね。オシムさんって、意外と最後は「考えろ」とか「賢くやれ」みたいな感じだった。例えば、阿部がスルスルって上がって来た、そこで取られちゃって阿部のマーカーがフリーだってなったとしても、「お前らが考えればすむだろう」みたいな感じ。「羽生、そうだ、そこ埋めればいいよな」っていうような考えで、だから俺は出られたのかな、と。後ろの選手がどんどん出てくるし、ポジションもどんどん崩すから。

阿部　そうそう。上がるもんね。だいぶね。

羽生　だからセンターバックが上がったから、阿部が拾ってあげて、阿部が見ていた選手を俺が拾ってあげて、みたいな感じは練習の中で（刷り込まれたん）だと思うけど、感覚的にはあった。

阿部　特別にやった覚えはないですよね。

羽生　ない。だからそういう意味で賢くやれ、っていう……。

阿部　ということは言っていましたよね。

岩政　（まとめると）やるべきことの提示はありつつも、羽生さんが「褒める」っていう言葉がありましたけど、そういうプレーがパッと出たときに**褒めることによって選手たちに考えて覚えさせる**、推奨する。

羽生　そう。それこそボールの周りで起こっていることとかにあまり興味がなくて、例えば褒めるのも攻撃で長い距離を走って追い越した選手に「ブラボー、ブラボー」って言って、その選手が使われなくても「お前の動きがいまのプレーにつながった」ということをすごく言ってくれた。守備でも、危険なところに長い距離を走って埋めた選手を評価していたって感じだったしね。表面的じゃないところを褒めてくれるから、選手がそれをやろうとする。ボールがないところでも頑張って、そうすると認められるんだっていう絵にはなっていたなぁって思う。

岩政　ありがとうございます。よくわかりました。

×羽生直剛・阿部勇樹「オシムサッカーを言語化する」

フル動画はこちらから

4-5 リーダーが示すべきものとは

オシムさんのサッカーとそれを体現してきたふたりの話はいかがだったでしょうか。

直接的に「言葉」にするのではなく、練習のオーガナイズや、「褒める」といったアクションで**「言わなくてもできるようにする」**——きっと、オシムさんはわかっていてやったんじゃないだろうか。そんなふうに思います。

余談ですが、オシムさんは数学の先生の教師免許を持っていらっしゃると聞きます。わたしも高校の数学教師の免許がありましたからね、気が合うのではないかと内心思っていたのですが、残念ながら味方としてご一緒する機会、その薫陶を受けるチャンスはありませんでした。

話を戻して「言語化」です。

プロクラブの指導者になるためにはライセンスを取る必要があります。わたしは、2019年から通い、2020年末にS級ライセンス（日本サッカー協会公認でJリーグとWeリーグの監督になれる資格です）を取得しました。厳密にいうと、コロナで海外研修に行けていないので仮発行なのですが（2021年7月時点）。

ライセンスを取得するにあたっては、合宿による指導実践というカリキュラムがあります。取得を目指す指導者たちが与えられた課題に対して、練習メニューを考え、指示を出していくのですが、長年現場で指導されてきた方、Jクラブで働いている方、そして元プロ選手なども多く、非常にレベルが高い。特に、受講生のメニューを実践するのは、受講生（つまりわたしたち）になるので、その緊張感たるや。

内容に関しては口外できないのですが、とてもたくさんの発見がありました。中でも興味深かったのは「最初の提示は抽象的であるべき」――まさにここまで書いてきたことに気付けたことです。

例えば、具体的に「A（選手）はここに立って、これをして」と指示をすると、選手たちはそれをやろうとするのですが、全体の絵がイマイチ揃わない。

これが「判断」ではなく「判断基準」なら問題ないのですが、「Aはここに立って、これをして」は完全に「判断」の話です。そうなると選手たちはとたんに躍動していかないのです。


また、こんなことも経験しました。そのときは「ブロックの守備→押し返す」がテーマでした。

わたしのコンセプトを知らない、はじめて指導する面々。彼らに、1時間弱で最後はフルピッチのゲームに落とし込むという難題でした。

事前にどうしようか、いろいろと思案し、シミュレーションをしました。そして「ひとつ言葉を作ろう」と考えます。ブロックの守備から押し返すフェーズへ移行する条件になる、「相手の状況」を「ロック」と名付けました。

そしてそれ以外は、「抽象的」な——なんとなくの導入から、あとはゲームを流しながら伝えていくことにしました。そちらのほうが理解される、と思ったのです。

結果的に練習の構成やプランニングに課題もありましたが、非常に自信になる手応えを得られました。

50分足らずの時間でゾーンディフェンスの形を一気に作り上げることができ、ブロックの守備から「ロック」したらみんなでボールを奪うフェーズに移行し、押し返す。その絵を体現させることができました。何より、選手たちが躍動してプレーしてくれたことに手応えを感じました。

これまでもさまざまな指導者や現場を見てきて、「こういうときは、こうする」「ああいうときは、ああする」と「判断」を伝える方法を見てきました。

しかし、これは選手の「判断」を奪うことと同じです。ともすれば窮屈なサッカーになりかねません。

また練習と同じような状況がない時間——実際の試合ではそれがほとんどです——に、どうすればいいかわからなくなる。そこで「言われたようにしよう」としてミスになる、といったシーンも何度も見てきました。

サッカーに再現性がないともいえます。

第1部でも書きましたが、「判断」は選手に委ねるべきものです。もちろんただ任せてしまってはバラバラになってしまいますから、そのおおもとになる原則、約束事をリーダーである監督が示す必要があります。

しかし、その示し方は、必ずしも「言葉で具体化」しなくていい。いや、むしろリーダーがきちんと理解していれば、そっちのほうが効果的なのではないか。それが第2部の主題です。

監督を含めたリーダーの言葉力、言語化能力はとても重要です。しかし、あまりに細かく、具体的な言葉でチームの方向性やサッカーを提示することには、先に書いたような危険性を孕《はら》んでいることに自覚的であるべきです。

何より、その言葉がベストセラーになるほど「言葉の力」を持っていたとされるオシムさんが、実際のピッチにおいてその具体的なサッカーを言わなかった、言語化しなかったことは示唆に富んでいます。

羽生さんと阿部ちゃんが語っていたことからもわかるように、オシムさんは「こういうとき、こうしろ」とは言いませんでした。バリエーションのある練習でそうした判断力を磨かせ、また褒める、叱ることで、ベースとなる「判断基準」を選手の頭の中に構築させていったように思います。

極めつけは、当時よく言われた「考えながら走る」というオシムサッカーのイメージです。「考える」とは、選手たちの頭を、自分たちのやりたいサッカーではなく、相手や試合状況といったものへ向かわせる、**「頭の回し方」を提示している**ように思ったのはわたしだけでしょうか。

繰り返しになりますがオシムさんの言葉には非常に含蓄がありました。

しかし一方で、オシムサッカーの戦術が言語化されていることを寡聞にして知りません。それをずっと疑問に思っていたのですが、「言わなくてもわかるようにしていた」、むしろそうやって、あれだけのチームを作ったと考えると、その言葉の深さにより感銘を受けます。

第2部

PART.2

第5章

CHAPTER.5

選手は言葉でプレーしない
~どうすれば「伝わる」のか~

5-1

天才的なプレイヤーの頭の中

ここまでは指導者、監督たちの言葉の必要性について考えてきました。

では、選手はどうでしょうか。原則が重要であるならば、「感覚的」な選手にどのくらい「言語化」能力が必要なのか。第1部で「疑問」としても挙がっていたこのテーマについて考察してみたいと思います。

今度はふたりの「天才」との鼎談です。

ひとりは本山雅志。もうひとりが野沢拓也。言わずと知れた、「鹿島の天才」(ひとりは「変態」と言われていましたが)。ふたりは、ピッチをどう見ていたのか。

これもまた、実に興味深いはずです。

×本山雅志・野沢拓也「天才を言語化する」

位置取りがピカイチだった野沢

岩政　ふたりは外から見たら天才と言われるプレイヤーです。その「天才」って感覚的って言われる部分が多いじゃないですか。（なので）実際にピッチで何を考えているのかをまず聞きたいのですが、例えばふたりを後ろ（センターバック）から見ていて、立ち位置の取り方がすごくうまいなと思っていたんですよ。

本山　立ち位置はタク（野沢）がめっちゃうまいよ。

岩政　そう、それ思ったんです。タクはうまいって感覚ありますよね。

本山　あるある。ボランチとサイドハーフとサイドバックの間とか。そのあたりにいて、中だったり（に入ったり）り外だったり（へ流れたり）、――感覚なのか相手を見ながらなのか、そういうところでボールを受けることが多いもんね、タク。

野沢　そうだね。

本山　それでうまくいかないと、ちょっと自陣に戻ってきてビルドアップもする。でも基本的に押し込めているときとか、ボランチがボールを持っているときとか、サイドバックが上がってきてくれるんだったらそこにいて、サイドバックをワンタッチで使う。そうやって三角形（トライアングル）を作るプレーはよく見たし、うまいなって思ってた。

岩政　うまいっていうのはそこに入るタイミングが？

本山　そう。タイミングも、外から中に入ってくることも、スーッとボランチの裏から外に出てきたりすることもそう。

岩政　ここのスペースっていまの時代**「ハーフスペース」っていう言われ方をするようになったけど、当たり前にやっていたじゃないですか、あの時代**（の鹿島は）。

本山　やってた、やってた。タクはどうなの？

野沢　だいたい最初に言われるよね、中盤はそこに入りなさい、とか。（ボールを）もらう位置ってあるじゃん。（でも）俺はあの時代、その形はあるんだけど、あんまりサッカーを知らなくて、楽しくやっていたから自然とそういう形になっていたのかもしれない。ボールをもらうにはどうしたらいいの？　って（プレーして）いたのが、**たまたまちゃんとしていた**のかな、と思った。

岩政　ははは。でも、（言われて）ここ（ボランチ、サイドバック、サイドハーフの間）を取ろうとすると、そこにいるだけになっちゃうけど、（タクは）動きながらとか、タイミングよく入ってきてたじゃない。その入ってくる感覚の部分って（小笠原）満男さんとかボランチから（ボールが）入りそうだな、ってとき？（入る）決め手ってどこを見てるの？

野沢　いやもう、「どうしたらいいの？」ってスペースを探してそこにいるだけ。

岩政　スペースを探すんだ。

野沢　いまの時代、ここに入りなさいって形を言うじゃん。昔もあったと思うけど、（その形は）自分の中ではあんまり耳に入ってなくて。要はどこにいたらボールをもらえるのか、どこに走ったらもらえるのかとか、どこにいても探しちゃっているというか……。

本山　タクはその間でボールを受けてサイドにはたいたあと、縦にも走れるし（中にもいけるし）、普通に崩せていたよね。

岩政　タク、センターバックがいなくなったらすっと入るのも好きだったじゃん。ああいうのも相手をずっと見ているってことでしょ。相手を見てどういう状況になったら……「こうなるからこう」じゃないと思う、俺。空いたらそこにいこうみたいな。

野沢　なるほど。でも、「空いたらそこにいこう」でみんなが瞬間的に連動できれば（チームとしては）いいんだもんね。

岩政　だから俺はなんも考えてなかったかな。

野沢　試合の中でこのディフェンスは早く出る選手だなとか、この選手は食いつかないタイプだなって感覚は？

岩政　いや、なんも考えてなかったね俺。いかにボールをもらえるかって感覚。そこまで考える能力がなかったと思う。周りからしたらうまくいってるって感覚になるけど俺的には何の理論もなかった。

野沢　ほぉ……。でもプロに入ってからの数年間はなかなか結果が出なかった。そこから

本山雅志：1979年6月20日生まれ。クランタン・ユナイテッドFC所属（MPL）。1998～2015年まで鹿島アントラーズに所属。J1・365試合38得点。元日本代表。

結果が出るようになったじゃない。その感じって慣れてきたってこと?

野沢 そうだね。体が動くようになったことと、自信もそうだし。

ポジションがぐちゃぐちゃでも成立していた理由

岩政 じゃあボールを受けたときにさ、ボールをもらったあとにこうしよう、みたいなことは多少頭にあるわけでしょ。

野沢 なんにも考えてない(笑)。

岩政 じゃあ、見える感覚でやっているんだ。

野沢 そうだね。

本山 天才ですね(笑)。

岩政 はははは。モトさんはどうでした?

本山 俺は案外、考えていたと思うよ。(ポジションが反対になる)タクのサイドにボールがいけば、あんまり寄らないように開いてみたり、違うところにポジションを取ってみたり。こっち側(自分のサイド)に来たときにはスピードアップすればいいやって考えたり。……ポジションチェンジはタクとは頻繁にしてたしね。近くのボランチは気にしていたかな。満男とかが上がっていってくれるから、そこを埋めることなんかは気にしていた。でも、俺もある程度自由に動かせてもらったかな。

野沢　モトくんは考えてやっていたわ。

岩政　タクから見ると（モトさんは）そんな感じ？

野沢　いま思うとあのとき、本山くんにしても満男くん、（中田）浩二くんにしても「自由にやっていいよ」って言うから本当に自由にやらせてもらった。

本山・岩政　ははは。

本山　（あのときは）**ポジションがぐちゃぐちゃになっても、なんとなく守らなきゃいけないところ、いなきゃいけないところをみんながわかっていた**から。だから、4人が（近くに）集まっちゃったってこともなかったし。

岩政　誰かが埋めていた。

本山　そうそう。それができていたからあとは自由だったかな。

岩政　確かに。ちょっと天才の話に戻るんですけど、モトさんとか満男さんってうまい選手で天才だけどバランスも見るタイプだったじゃないですか。タクタイプの天才とは違うというか。それってどのあたりから見るようになったんですか？

本山　プロに入ってすぐの頃は「好き勝手やっていい」って言われていたから、好き勝手していたけど（笑）、オズワルド（オリベイラ／鹿島アントラーズがリーグ3連覇を達成したときの監督）の頃からかな、言われるようになったのは。みんなはあんまり言われた感じ

野沢拓也：1981年8月12日生まれ。2000～11、13～14年まで鹿島アントラーズに所属。その他ベガルタ仙台などでプレーしJ1・384試合70得点。元日本代表。

がないと思うけど、ボランチが上がったときのバランスとかは言われていて。いきたいところを多少我慢するところはあった。

サイドハーフの守備論

岩政　守備のことも聞きたかった。鹿島は4－4－2だからサイドハーフも守備を頑張らなきゃいけないじゃないですか。特にオリヴェイラになってからはすごくそこが言われるようになって、実際に相当、（守備に）戻るようになってくれていたんですけど。とはいえ、ふたりはポジション的に難しくて、（ディフェンスラインの4人とボランチの2人の）6人は守備の局面ではまず守りましょう、そのあと攻撃って頭を回せると思うんですけど、サイドの選手って守りながら攻めのことも考えるわけですか？

本山　いまは（ファーストディフェンダーが）フォワードからだけど、（当時は）だいたい俺がファーストディフェンスをしていたよね。監督によって変わるけど、サイドに追い込むか縦切りするか、とにかく（相手の攻撃で）限定する。若いときはそこでボールを取りたかったからめっちゃ追ってたけど、「そこで取る必要ないから、限定して次のところに動けばいい」って後ろが言ってくれていたから、プレスバックぐらいであとは次の（プレー）のことを考えてたよ。

岩政　ボールが取れたあとのことを考えてる。

本山　うん。

岩政　タクは？

野沢　中途半端な感覚だよね。じゃあ守備、じゃあ攻撃みたいな。

岩政　サイドバックがオーバーラップしていても「はっきり付いていく」か「下がる」しかないから、そこは駆け引きみたいなところは入るよね。

野沢　そう。

岩政　そのあとの攻撃のことを考えて守備はしてるんだ？

野沢　そうだね。

岩政　例えば（相手の）サイドバックが強力だったら多少下がんなきゃいけなかったりするでしょ？

本山　でもそこは駆け引きするところもあるじゃん。俺らが前にいけば（相手のサイドバックが）上がってこれない。やっぱり、野沢が残っていたらなかなか上がれないでしょ。まずそこの勝負をしてもいい。というか、そこの駆け引きは一番最初にやるんじゃないかな。そこで負けちゃうと1試合ずっと下がんなきゃいけなくなっちゃうから。

岩政　なるほど。攻撃のときはハーフスペースを取って、サイドを使いながらバリエーションを作っていくし、守備のときは守りながらも相手のサイドバックはいかに出させないかってことを考えるんだ。

本山　まずね。

岩政　そういうのはタクも一応考えるんだね。

野沢　オリヴェイラのときは練習の仕方もそうだったけど、ディフェンスも求められるじゃん。だから、考えた末に「サイドバックを助けよう」ってことだけをつねに思っていた。

岩政　ディフェンスラインが楽になるように助ける、という感覚はあったんだ。そういえば、よく言ってきたもんね、「いまやられたところ俺戻んなくていい？」って。

本山　まじめ！

岩政　はははは。「いまの大丈夫だよね？」ってすごく聞きにきてた。

野沢　はははは。

本山　（内田）篤人が右サイドだったの？

野沢　そうだね。ずっと篤人。

本山　やりやすかったでしょ？

野沢　やりやすかった。

本山　俺もイバ（新井場徹）やりやすかったよ。別に下がってこなくていいって言ってたし、同級生だし。自由にやらせてくれた。

岩政　よく言い合いしてたけど（笑）。

本山　「ボール出せ！」って言われてた。

岩政　でも確かに満男さんを含めて後ろのメンバーが「下がり過ぎなくていいよ」って言ってたよね。

本山　まあ、監督は「下がれ」って言っていたけどね。

岩政　そうだ。

本山　だから**「練習は下がるけど、試合をやっているのは俺らだから別に下がらなくていい」**って満男も言うしね。その辺はうまくゲームの中では……。

岩政　そうそう。監督がキレそうになったら一回戻る風《ふう》をやっといて残るっていうね。

下りなくなった理由

本山　タクのプレーで意外だなって思ったのが、サイドからセンターバックの裏まで（ダイアゴナルに）走ってくれるプレー。（相手からすると）あそこから走られると、見えてないから、こっちはそこにボールを落とすだけでいいのね。タクはそれをタイミングとかも狙わないで、すごい距離を走ってるな、って思ってた。

岩政　あった！　あったなー。タクこれは、……おそらく感覚だろうけど、狙ってたの？

野沢　（相手の）ボランチと横に並んでいたら（相手が）いるわけじゃん。でも、ボールはほしい。どこが空いてる？　っていったらそこしかなかった。

岩政　なるほど。サイドからスタートしたけど、スペースが見えたらいっちゃう、と。

本山　あのランニング、スゲーなって思ってたマジで。

岩政　でも基本的にはボールを受けにいっている感覚ではあるんだ。

野沢　うん、そうだね。

岩政　モトさんもさっき言ってたけど、（こういうランニングがあったとしても）結局、大事なところで「人がいない」ってことはなかったじゃない。それは先のことを考えているからなのか……。

野沢　いや俺、それ言われたことがある。大事なところにいないときがあるって。「大事なところってどこ」って思って。知らないもん。

岩政　あ、言われたことがあるんだ。

野沢　でも俺は、**「ゴールに直結する動きになるかな」ってことだけ**でやってたから。

本山　でも、あのランニングは相手からしたら怖いと思うよ。

岩政　ここに走るのはタクの中ではゴールにいけそう（直結しそう）というのがあったの？

野沢　フォワードが走らないときとかだね。

岩政　お前ら（フォワード）が走らないなら、俺がいくってことか。

野沢　わからないけど、もしかしたら（フォワードのふたりは）ディフェンダーを引き付けてとどまって、（スペースを）開けていてくれたのかもしれないね。
本山　あのふたり（マルキーニョス・輿栺慎三）そんなこと考えるかな（笑）。
岩政　ははは。タクが「ゴールに直結する動き」を意識し始めて増えたプレーはある？　もしくはこうしようみたいな。……例えば、あまり下りないようにしようとか。
野沢　下りなくはなったよね。
岩政　不必要に下りてくるってことはなかった気がするんだよね。それはモトさんも。
野沢　ないね。俺の仕事じゃないかな、って思ってるから。
岩政　そうかそうか。**「この辺にいなさい」って言われるよりも、「それぞれの仕事はなんですか？　ゴールに直結することですよ」っていう言い方だけで理解できる**ってことだよね。いわゆるいい立ち位置ってすごく言われるけど、それって感覚でプレーしたい選手からしたら窮屈かなって個人的に思うわけ。
野沢　**そうだね。それあるね。**
岩政　だから言い方がすごく大事なのかなってすごく思っていて。
本山　**そこ（ハーフスペース）でもらうために、ずっと（ハーフスペースに）立ちっぱなしはダメ**だから、誰かがボールを持ったタイミングで外から中に入ってくるとか、左サイドからボランチを経由したときにタイミングよくボランチの間に入ってくる動きをする、とか……それは**立っているだけじゃダメ**だと思う。

岩政　なるほど、なるほど。逆に言うと、モトさんとかは、(反対のサイドでの)展開を見ていて、そこから**3、4秒ぐらい先を読みながらサッカーをしている**から不必要に下りてこないってことだよね。

本山　そう。そこで下りても(ボールを)回すだけになっちゃうし。

岩政　まさに！　そういうことですよね。そこが大事ですよね。**ボールを回すことが目的化しちゃうのと、ボール回しもうまいけどその中で「ゴールを目指しましょう」がなくならない選手って結構少ないと思っていて**。そこの感覚を伝えられたらいいなと思うんだけど、(それはボール回しの)あとのこともちゃんと見ながら受ける位置を選べているのかなって。

本山　無理をしなきゃいけないときもあるからね。ボールを回しているだけのときは突っ込んでかなきゃいけないから、ゴール前で奪われるミスパスも多かったんじゃないかなと思う。でもチャレンジはしてたと思う。そういうのはあまり面白くはなかったよね。

岩政　確かにそれはあったな。モトさんは試合の流れが停滞しているときにどんどん(前に)出してみて、それが引っかかるようならまたパスを出す、みたいな。

本山　たまに無理してパスを出してるときはあったよね。「これ通るわけないじゃん」っていうのを、けっこう無理やりこじ開ける意味で出したり。

岩政　それって90分をどう考えますか、ってことだよね。

本山　そうだね。

岩政　満男さんもそういうところあったしね。あの辺に落とすパスを入れておいて、みたいな。

本山　例えば、連戦でみんな疲れているときは、前後するのも大変だから（フォワードの田代）有三に一回蹴っておいてセカンドボールを拾うってこともやったことあるし。「セカンドボールを拾ってそこで押し込んでサッカーをやろう」って前と話したりしてね。（そういうサッカーは）監督の意図したものではないかもしれないけど、身体が重いなら切り替えるみたいな判断をしていたときがあった。みんなよく判断できるなって思ってプレーしてたよ。確かにその試合は面白くない。「鹿島めちゃくちゃボール蹴っているな」ってなる。ただゲームとして、それが自分たちのできるゲームだってことは理解してた。そういう運び方もあるかな。

岩政　僕もそういう感覚があったけど、タクはそういう試合のときって何を考えてたの？

野沢　いや、みんなが考えてくれてるから大丈夫。

本山・岩政　ははははは。

×本山雅志・野沢拓也「天才を言語化する」

フル動画は
こちらから
➡

5-2

言語化されるほど「気持ち悪い」選手

いやぁ、改めてまとめてみても面白いです。天才と呼ばれるふたりですが、全然違ったモノの見方をしている。

他にも印象的な言葉はたくさんありました。ふたりが共通して話していたことに、攻撃における「『いい距離感』についてあまり考えたことがない」と。

タクは、「距離感なんて意識しない」という雰囲気でしたが、モトさんは「守備の場合は、コンパクトにしてプレッシャーをかけるとき、セカンドボールを拾いたいときは距離感がいいほうがいい」けれど、攻撃においては「距離感より、プレーがかぶらないほうが大事だ」と指摘されていました。

こうした考え方は、なにも天才選手特有のものではありません。プレイヤーの数だけ「ピッチレベルの見方」があり、何を考えながらプレーしているのかも違います。これが「頭の回し方」です。

だからこそ重要になるのが、言葉に縛られてプレーしてはいけない、ということです。

例えばふたりが指摘した「いい距離感」は、現代サッカーにおいて重要な要素です。しかし、ふたりが「(そこまで)考えない」と話したように、**「結果としていい距離感」になっていることと、「いい距離感でサッカーをしようとする」こととは根本的に意味が違います。**「いい距離感」を意識していなくても、それが実現できていたモトさん、タクがプレーしたアントラーズのように、**それ以外の「言葉」や「トレーニング方法」を用いることで、実現できることがある**のです。

これと同じ現象が起きたのが「5レーン」の流行でした。

5レーンは現代サッカーに革命をもたらした「言語化」だったと思います。しかし特に、「5レーン」理論における重要なキーワードである「ハーフスペース」や「偽サイドバック」は、先に指摘した「意味の違い」が理解されず、多くの場所で「ハーフスペースにいろ！」「ハーフスペースにいなかった」「偽サイドバックの動きをしろ」という結果論（判断）を指示、語る人たちが増えました。これについては、次の節（5－3以降）で書いていますので、そちらをご覧ください。

ここではまず事実として、多くのトップ選手は、「いい距離感を取ろう」「ハーフスペースにいよう」としてそこにいるわけではなく、例えばタクのように「ゴールに直結するプレー」としてそこを選択している、ということを理解してもらいたいと思います。

モトさんが「かぶらない動きが重要」と言ったのは、動きがかぶってしまえば、パスの出し手の選択肢がひとつしかなくなるからです。それぞれの選手が、かぶらないように動こう、と意識して共有すれば、おのずとボールを受けに下がる人が増えることはなくなっていきます。

そうした結果、ピッチ上を俯瞰してみれば、それぞれがハーフスペースにいた、いいポジションに立ってプレーしたことになる。現代サッカーの中心ともいえるポジショナルなプレーになるわけです。

つまり「サッカーの原則」をベースに、相手を見て（というより「サッカーの原則」にはいつも相手を含むべきなのですが）、味方を見て、ここにいることがもっとも効果的だ、という判断のもと、「結果的に」「ハーフスペース」にいたり、「いい距離感」でプレーができたり、ポジショナルなサッカーを体現できたりする。

言語化されたものが日本で語られるとき、**「結果」として起きたことを再現させようとする、判断を提示してしまう**、ということが往々にして見受けられます。

解説などにおいて、「結果的にそうなっていること」を話すことは大事なことではあります。ただ、そこから一歩踏み込むと、ピッチの中の選手たちは「ここに立っていなさい」とか、「これをしなさい」と言われるだけでは躍動しません。

特に今回ご紹介したふたりのように「感覚でプレーする選手」、つまり試合を決定づけ、チームの中心として活躍してもらわなければならない選手たちは、楽しくプレーできなくなってしまう。プレーの質が落ち、判断が悪くなり、彼らの良さが失われていきます。

アントラーズに入ったとき、強化部の方に言われて衝撃を受けた言葉がありました。

「うちには本山とか小笠原、野沢がいる。大学のときのように、後ろから『ああしろ』『こうしろ』って言っているだけじゃ、聞いてくれないぞ。いかにあいつらを気持ちよくプレーさせるかを考えろ」

なるほど、最初は本当に聞いてくれなかった(笑)。

でも、いまならわかります。**必ずしも、言葉で理解させる必要がない**こと。そのときに、**言語化されるほど「気持ち良くない」可能性がある**、ということが。

5-3 「偽サイドバック」の勘違い

先に指摘したように「言葉」によってチームが空転してしまう例は、プロのレベルでも多く見られます。象徴的なものとして記憶しているのが名波(浩)さんが指揮を執られていたときのジュビロ磐田です。断っておきますが監督批判ではありません。その大変さはいま、強くわたしも感じています。結果がすべてのプロクラブの監督であればそのプレッシャーたるや、想像することもできないほどです。

現在、松本山雅FCの監督をされている名波さんは、2019シーズン途中にジュビロ磐田の監督を辞任されました。選手時代の実績は語るまでもなく、監督としても選手たちに慕われた方です。わたしも対談などで話をうかがいましたが、非常に知的でユーモアがあるのを知っていましたから残念に思った記憶があります。

そういえば最後の試合（対川崎フロンターレ。2019年6月30日）、わたしは解説で現地にいっていました。試合後の辞任会見で話される言葉の一つひとつに監督の大変さが込められており、感情を揺さぶられたものです。

そんな名波さんのジュビロはなぜ失速してしまったのか。

わたしは「ハーフスペース」「偽サイドバック」という言葉の功罪にあったと思っています。

2017シーズンに躍進した（6位）ジュビロでしたが、2018シーズンは16位と降格争いの憂き目に合います。それもあってか就任6シーズン目を迎えていた名波さんは2019シーズン開幕前に「攻撃に着手した」と公言。具体的には、「昨年までは7対3で守備の練習をしていたが、それを逆にした」と話されていました。

しかしシーズンが始まって待ち受けていたのは極度の得点力不足。「決定力不足」と言えるほどの明確なチャンス構築には至っておらず、シーズンの半分を終えた段階で「いかにゴール前に迫るのか」に悩んでいる様子が見られていました。

「ハーフスペース」「偽サイドバック」。

多くの指導者たちが「ハーフスペース」という言葉を使って「ハーフスペースをついていこう」と指示を出しているのを見聞きします。繰り返しになりますが、「ハーフスペース」や「偽サイドバック」は結果であるべきです。ポステコグルー監督時代の横浜F・マリノスでこの言葉が聞かれなかったのが象徴的です。あれだけ、「ハーフスペース」「偽サイドバック」を有効活用しているチームが……なぜ？　と思いませんか。

わたしはこう考えます。

チームの攻撃を構築するとき、まず狙うべきはゴールであり中央である。王道です。しかし、この王道を目指そうとすると当然ながら相手は中央を締めてきます。そのときに空くスペースはどこか。

これが「ハーフスペース」です。

順番を逆にしても成立します。中央を攻略するために「ハーフスペース」を使う、ということです。

「偽サイドバック」も同様。ボールを受けたらパスを出したい味方（多くの場合、ウイングプレイヤー）がサイドの高い位置にいる。では、どこでボールを受ける必要があるのか。

答えは、（出したい相手から）角度のある位置です（原則8）。ウイングプレーヤーに対して角度のある位置――そのポジションは、**自然と「偽サイドバック」の位置に立たなければならない**はずです。

アントラーズ時代、若き内田篤人によく言っていたのを覚えています。「なぜいつもタッチライン際で受けるんだ？」と。その頃の彼はまだ何も考えずにタッチライン際を行ったり来たりするプレイヤーでした。しかし、海外で優れていると言われるサイドバックを見ていると「（両方向に）角度ができる内側で受け」ています。彼らはビルドアップがうまいサイドバックと言われていましたが、その理由のひとつは、この「内側で受ければサイドにも出せるし、中央も狙っていける」ことを理解し、自然とやっているのだと思いました。

その後、ペップ・グアルディオラの出現で「ハーフスペース」「偽サイドバック」という名のもとに、世界中でこの概念が広がりました。非常に有効なスペースであることは間違いありません。有効な攻撃が生まれるときは多くの場合、ここを経由します。

しかし、それは結果でなければいけない。相手を見たうえで、ゴールを目指すために有効な立ち位置を取ろうとしていった結果として、そこに至ることが大切なのです。

話をジュビロに戻します。試合を見ている限り、当時のジュビロは攻撃に着手しようとする中で、おそらく「ハーフスペース」と「偽サイドバック」を取り入れたと思います。しかし、それによってどんなことが起こるのかという全体設計がなされず、ハーフスペースで味方選手が渋滞するという現象が起こっていました。

この現象自体が悪いとは言いません。ただ、それによってジュビロは、外に張った位置から中央に迫ってくるロドリゲス選手とアダイウトン選手の外側を回る選手がいなくなってしまい、彼らの突破力を生かす場面が作れなくなってしまったのです。

「偽サイドバック」の役割を託された松本（昌也）選手や小川（大貴）選手は、いつもロドリゲス選手やアダイウトン選手が外に開くのを見ながら内側に移動していました。残念ながらそのとき、彼らの判断基準には相手が含まれていませんでした。

結果、自分たちで味方も相手も中央に寄せる形を作ってしまったジュビロの攻撃は、**相手の守備陣に正面から待ち受けられる状態**（原則4）がつねとなってしまいました。これがあれだけのタレントを抱えたジュビロの攻撃の駒を生かすやり方だったのでしょうか。

その点、名波さんのラスト采配となった川崎フロンターレ戦は違った可能性を示していました。前半、中と外のポジションチェンジを多用しなかったジュビロは再三にわたってチャンスを構築して、川崎の守備陣に脅威を与えていました。

ロドリゲス選手とアダイウトン選手の外側を松本選手と小川選手が走ることで外を気に

しなくてはならなくなった川崎守備陣に的を絞らせず、得点の可能性はジュビロのほうに感じました。しかし、先に失点を許すとまた外と中のポジションを入れ替えるようになり、徐々に攻撃は尻すぼんでいきます。前線の距離感が遠くなったことで単調な攻撃が増えてしまいました。結果的に、1対3で敗れ、名波監督はその後、辞任を発表されたのでした。

5-4 「5レーン」と「ハーフスペース」

ここまで「5レーン」、「ハーフスペース」についてはその使われ方のみに絞って書いてきたので、批判的なイメージを持たれた方もいるかもしれません。何度か指摘していますが、決してそうではありません。

この章のまとめとして、非常に有効な現象である「5レーン」の意義などについてまとめておきたいと思います。まずは疑問なども含めて、L:ive配信でのやり取りをベースにリライトしておきます。

結局、ハーフスペースとはなんなのか

岩政　今回はここ数年でよく聞かれるようになった「5レーン」についてお話をしてみたいんですが、5レーンについてはみなさん聞いたことありますか？　アンケートをしてみたいと思います。

コメント　安永（聡太郎）さんが解説で使っていました。

岩政　指導者の方も最近はこの理論をよく言われるんでね。人によって解釈の仕方も違うかもしれませんけれども。

【アンケート】——「5レーンを知っていますか？」
三択「知っている」「聞いたことがある」「知りません（聞いたことがない）」
知っている　64％　聞いたことがある　28％　知りません　8％

岩政　おー。「知っている」がほとんどなんですね。じゃあ今日はこの5レーンにつ

いて話しましょう。まず、サッカーは元来、横（から見た）ゾーン1、ゾーン2、ゾーン3とか、アタッキングサード、ミドルサード、ディフェンシブサードとか、3つに分けて話すことがあります（図14）。ここにプラスして、縦方向に区切って考えていくということが起きている。（具体的には）こういうふうに（図15）、縦と、あとはここのゴールエリアのところを結んだところの5レーンですね。1、2、3、4、5と分かれています。

先に僕の好みを言うと、5レーンがどうこうっていうのは正直、どうでもいいと思っています。**言葉は独り歩きしちゃう**ものだなあと、思いながら僕はあまり好きじゃありません。じゃあ、このおおもとってなんだろうか、ということをずっと考えていて、ちょっとその話をみなさんとしたいんですけど。

5レーンって何がもとになっているかって言うと……サッカーにおけるひとつの原則がありまして、「相手の攻撃がいいと、横幅68メートルは4人では守れない原則」（原則5）というのがあります（第3章）。

コメント　原則ですか？　長いです。

岩政　ははは（笑）。

コメント 横のスライドだけではダメだっていうことですか？

岩政 そうそう。例えば、日本代表は4‐4‐2でやっています。このとき何が難しいか。4‐4‐2の利点は、各エリアで4人になることができることです。例えばハイプレスではサイドハーフが上がって4人に並びます。で、中盤になったら4‐4‐2に、突破されてもディフェンスラインは4人です。基本的に4‐4‐2は、どこのエリアも4人にできるわけです。

これに対して、5レーン理論は、各エリアに5個の通路（レーン）を作ることによって、空きができます。まぁ、5人いるんでね。誰かがずれることで、ひとり余る状況を作れる。攻撃を意図的に崩すやり方っていうのは、後ろから丁寧につなぐ理論の中で、5レーンっていうのが出てきて、これがよく整備されてくると4人では守りきれないんですね。

どのゾーン（横の区切り）でも、例えば相手が絞れば、外が空きますし、付いてくれば中が空く……と、（4人対5人の）繰り返しできてしまうわけです。

このように立ち位置を整理されると、守備側からすれば、4‐4‐2をきれいに作っただけでは守れない。じゃあ、どう守るかといえば、ボールを持った相手に「規制をかけて」、相手が5枚いようとも、逆サイドに振らせない、外側を捨てて守るというのが4-4-2の考え方です（図22）。わかりますかね？

で、こうなってくると結局は、相手の精度が高いか、守備側のスライド、プレスが速いかの話になっていくわけですが、**理論上は4人では守れないのが現代サッカーにおける原則**になるんです。

これを「原則」だと思っておかないと、何が起こるか。これが、日本代表のアジアカップで顕著でした。まずベスト16のサウジアラビア戦（1対0、ボール支配率23・7%で辛勝）。しっかりとした守備で我慢した、みたいに言われますけど、あれは（意図的に）下がったわけじゃなくて、実は日本は**高い位置からのプレスに何回もいこうとした**んですよ。それが外されて、現象としてああなった（下がった）。

じゃあ、なんで外されたか。サウジアラビアがビルドアップに入ったとき、日本は、2トップ（南野拓実・北川航也）が、かなりプレスにいこうとしたんですが、（サウジは）1ボランチやサイドバックもうまく入ってきて、外されます。（日本としては）この（ふたりの）プレスにサウジがビビって（ロングボールを）蹴ってくれれば4-4-2がもっともバランスがいい。でも、このままつながれればはじめて、そこそこの精度が伴ってくると「4」じゃ守りきれないんです。だから、結局は（サイドハーフの）原口（元気）が下がって、最初は堂安（律）も下がっていました。そうやって、少なくとも「5」

にはしないと横幅は守り切れないから、そうなりますよね。さらにそうやって「5」になってくると、前線に人が足りなくなる。そしてハイプレスが効かなくなる。ということで、基本的には自陣でサッカーをすることになる。意図したものではなくて、現象としてそうなってしまったわけです。

コメント（日本は）ロングボールが多かった。

岩政　そうですね。じゃあ、絶賛された準決勝のイラン戦（3対0で勝利）はどうだったか。日本はたぶん同じことをやっています。イランは日本のプレスのペースが落ちたときに、サウジのように1ボランチがビルドアップに参加して外そうとしていた。ただ、なぜかそのあと、ビビって（イランのフォワードの）アズムン頼みになった。彼に向かって蹴り始めたわけです。イランは予選でもこんなことをしていなくて、しっかり崩してつないでいた。

具体的には、相手が2枚でプレスに来るのであれば、サイドバックを使う、あるいはインサイドハーフが下りてきます。こうやってローテーションをして崩して、繋いでいました。相手がマンマーク気味にくれば、1トップも下りてきて、ズレる、ズレる……と、どんどん各エリアで5人で崩すやり方をしてきていたんです。（戦前、イランとは分が悪いと言っていたのは）サウジと違って、最終ライン（日本のアタッキングサード）でも1トップと絡んで5人で崩せるのがイランだったので、日本がもし同じように4－4－2でやるならば、難しい試合になるだろう、と。でもイランはこれをやろうとしなかったんです。やろうとせずに縦方向の攻撃ばかりで、横幅を使わなかった。

日本の4－4－2が非常にハマったように見えて、「守備が素晴らしかった」「日本は素晴らしかった」と言われましたが、僕からするとイランとサウジの攻め方の違いがあっただけです。日本が戦術を変えた、用意したというわけではないと思います。

コメント　イランはなぜ変えたんでしょう？

岩政　これはね、僕が気になったのはスタメンですね。本来は11番（バヒド・アミリ／インサイドハーフ）と17番（レフディ・タレミ／サイドハーフ）がスタメンなんですけど、（前の試合の）準々決勝で11番が出場停止でもともとサイドバックの3番（エフサン・ハジサフィ）が起用されました。で、日本戦は17番が出場停止。その代わりに14番（サマン・ゴドス）とか10番（カリム・アンサリフィルド）の選手が出てくれば怖いと思ったんですけど、イランはそこに11番を、そして3番をそのままのポジションで使ったんですよ。技術的にそこまで高いわけではないこのふたりの起用は、（イランの）監督はもしかすると「蹴れ」というメッセージだったのかもしれません。選手たちは意図的につないで崩していくっていうのは難しい、と感じていたと思います。僕が「日本としては勝機がある」って言ったのはそこです。

結局、同じやり方でも、**縦方向のボールが増えてくれば、4-4-2のほうがバランスがいい**。横方向になると5のエリアがないので難しくなるわけですから。

で、僕が原則の話をなぜこれにしたかっていうと、5レーンで、ということがヨーロッパでも散々言われているんで、逆に、守備側もどうやって5レーンを守りますかってことがテーマになっている。それがチームとして落とし込まれているのが普通なんですね。

加えて、5レーンも万能なわけではなくて、**「5」じゃないエリアがかなり手薄に**なります。つまり、5レーンにして守るから、5レーンを埋めたからって終わりじゃなくて、それ以外のエリアでは手薄になってしまうっていうのがサッカーの難しさです。

日本が世界で戦っていくときに、いまのやり方でアジアカップを優勝したとしても（※実際は準優勝）、「5レーンをどう守っていきますか」ということは詰めていかないといけない。5レーンを守るやり方を、やらなくても勝ててしまったけれど、世界はつなぐのがよりうまくなってどんどん崩してきます。さらに個人能力も高まってきましたっていったら、これは守れないです、はっきり言って。だからそのときの対処法は持っていなきゃいけません。

例えば、4－4－2でスタートするのも、そこからプレスにいくのもいいけれど、サウジ戦みたいに（プレスを）外されることが出てくる。そのときの策が、自然発生的に原口が下りて付いていきましょうってなっていますけど、それでいいのか、ということです。だって、ここが（原口ではなく）中島（翔哉）だったらどうするのか。さらにこの場合、長友（佑都）がハーフスペースに入ることになります。攻撃では確かにいいけど、守備としてはあまり論理的じゃないです、（ロシアワールドカップのときの）ベルギーのように（大きい）フェライニを当てられたらどうします？　まあ、これはたられぱなんで、言ってもしかたないですけどね。

コメント　解決策はあるのですか。

岩政　4－4－2の基本的なやり方としては、例えばサイドバックが外に出る代わりに同サイドのボランチが最終ラインに入って「5」にするってやり方も当然ありますし、逆にいま、日本がやっているように、サイドバックをサイドハーフが見て「6」

気味になっても仕方がないけど付いていきます、っていうやり方もあるんですけど、これはもう少し日本は詰めていかなければいけないところです。

コメント　ああ、ボランチがひとり下りるとか。

岩政　はい。それもチームとしてはあるのかなと。ただ、（日本代表は）どっちなのかが定まっていないように見えるんです。これがつまりチームとしての原則ということです。約束事、判断基準ですね。これがチームとして決まってない。
いや、もしかしたら決まっているのかもしれませんけど見えない。「相手によって変えよう」「そのとき考えよう」というのを約束事としているのかもしれません。
いずれにしても、チームを作るときどのチームであっても、これからの時代は――レベルが上がらなければ別ですが――、さっき言った「相手の攻撃がいいと、横幅68メートルを4人では守れない原則」にのっとって、誰を下ろすか決めなきゃいけない。これ、攻撃がいいと、ですからね。良くなかったら、プレスにいって相手の選択肢を奪って、みんなで連動してしまえば（ボールは）取れちゃいますから。

コメント　ミシャ（ペドロビッチ）の頃の広島。

コメント　（鹿島も）小笠原選手がセンターバックの間に落ちて5枚で対応していた記憶。

岩政　そうそう。

コメント　ボードに4本線を入れてあげないと5レーン理論を知らない人にわからないのでは？

岩政　うん。最初僕、引いていて消しましたよね。なんで消したかって言うと、**「試合中、線はないから」**。ピッチ上にラインが必要になる理由が僕はあんまりわかんないんですよね。だって試合中に「僕どこのレーンに立ってる？」って考えている選手ってあんまりいい選手には思えなくて。**大事なことは相手に対してどう対応するか**なんですね。ピッチの中のどこのエリアかは関係ないんです。

コメント　でも**ペップは練習で線を引く**……。

岩政　はい、知っています。僕はとても天邪鬼な人間ですので（笑）。（線を引くことは）

意識づけをさせるとき（に必要なの）はわかります。チームメイトにもよく言うんですけど、「（ボールを）縦方向にもらうな」「斜めにポジション取れ」って言えば、レーンを外れるんですよね。「ここのレーンの同じところに立つな」って言わなくても（5レーンの理論は再現できるんです）。だから指導をするとき選手たちにレーンの話はしません。必ず、**「ボールをもらうときにできるだけ角度を作れ」**とか、具体的には「角度を作ってボールをもらえば敵が見える。敵が見えたらその選手が来れば縦パスを入れればいいし、来なければ横でもらえる」（原則8）という言い方しかしないんです。

これが（角度を作らず）縦方向になってしまうと、当然相手は見えなくなります。だから「相手が見えるポジションに立ちましょう」「角度を作りましょう」っていうことしか言わなくても、自然に5レーンになると僕は思っています。

「レーンにいよう」というのは……欧米の選手の文化が僕にはわからないんで（もしかしたらあるのかもしれません）。その中でいろいろ選手たちが考えるのかもしれませんけど、日本人だとレーンを引いて「ここにいろ」って言ったら「ここにいましたけど、どうしたらいいですか」ってなりそうな気がするんですよね（笑）。

コメント　意識し過ぎると動きが少なく……。

岩政　そうそう。**5レーンに立ったら終わりになってしまうと、相手を見なくなっちゃう。**

コメント　サイドバック、サイドハーフ、センターバック、ボランチの間にポジションを取って引き付けてからパスしましょうってことだと理解していました。

岩政　あー、そうですね。だから、相手の間に立つことが、この原理の説明なんですよ。ここがポイントだと思っていて。**「相手に対して優位なポジションに立つ」**というのが大事ですから5レーンに立ったら終わりじゃなくて、結果的に5レーンになるようにならなきゃいけないいんですよね。

コメント　5レーン理論が唱えられるようになる前から選手がやっていたプレーをレーン分けで理解しやすくなったと思っています。

岩政　見ている人の理解はしやすくなったと思いますけど、選手からすると……どうなんでしょう。レーンじゃなくてもいいかなと思っているんですよね。ペップ（の理論）だからって、ねえ……（笑）。って、僕はペップ好きですけどね。言い方の話ですけど、日本人に……どんなんだろうな？　「レーン立っとけ」って言ったら……。

2019年1月「PITCH LEVELラボ」配信

Live配信でも伝えているとおり、「5レーン」の原理は、「相手の間に立つ」ことが原点にあると思います。サッカーにおいて断定はいつも危険です。ただ、選手が「相手の間に立つ」意識を持っていれば、結果的に5つのレーンに立つことになる、という頭の回し方は重要です。

これらは第3章の「サッカーの原則」をすでにお読みいただいた方は、よくわかるのではないでしょうか。

つまり、原則どおりにプレーすると、おおよそ「5レーン」に人が立つシーンが増えるでしょうし、「ポジショナル」なサッカーになる。ハーフスペースに立つことが重要なのではなく、相手からズレること、が重要で、ハーフスペースに立っていなかったという結果（現象）を見て、それを批判または指導していてはいつまで経っても、次に生かすことができません。

大事なポイントなので、もう少し具体的に書いてみます。例えばボールをもらうとき、マーカーから斜めにプレスを受けるようにすれば、（ボールを）運ぼうと思ったときにそのマーカーは必ず横に走って前側のコースを切ろうとする。すると、切り返しを含めてプレーの選択肢が生まれます。逆にマーカーを目の前に置いてしまうと、縦方向にズドンとプレスをかけられてしまえば、そのままハマってしまいます。

結局この問題は、**横方向からプレスをかけさせるために、必ずマーカーから横にずれない**、と言えば解決するはずです。

または、縦方向でもらう選手は、ボールを持っている選手から少しでいいから角度を作る。ビルドアップを想定してもらえればイメージしやすいですが、ゴールキーパーから角度を作ります、その角度を作った選手から角度を作ります、またその選手から角度作る……。すると5レーンになるはずなんです。フィールドプレイヤーは10人ですから。

日本サッカーにセンセーショナルなインパクトを残したペトロヴィッチ監督は、かつて自身の戦術「3-4-3の可変システム」を「4-4-2のチームに対する非常に有効な策として考えた」と話されていました。

これはまさに、そのとおりだと思います。

ミシャ（彼の愛称）サッカーは非常に攻撃的で躍動感があり、緻密に作られていますが、その肝は、4-4-2の相手に対して「斜め（横）方向から相手のアプローチを受けるところに立つ」（原則8）ことで、優位性を作り出したことにあります。（中村）俊輔さんが、初めてミシャ率いるサンフレッチェと対戦したとき、「これはすごい、日本代表でも使える」と思ったと言っていました。そのくらい衝撃でした。

しかし、ミシャも日本に来て16年になりました。Jリーグのクラブもやられっぱなしというわけではありませんでした。「ミシャサッカー対策」をどのチームも取るようになります。それはどんなものだったか。簡単に言えば、5バックで対抗する。（ミシャのチームの横幅5人に対して）いずれも**縦方向から守備のアプローチができるようにした**わけです。

原則を理解していれば、これが効果的であることはわかりますよね。

5-5

必要な言葉を見極める

とはいえ、です。一歩、突き詰めれば「縦方向」からのアプローチも、再三、お伝えしている原則で解決できます。

5バックで対応された。相手は目の前からアプローチできるポジションでにらみを利かせます。選手の質で上回る？　それもひとつの手ですがメッシのような選手はそうそう揃えることはできません。原則で考えてみましょう。

ボールをもらうとき相手とズレることだけを考える。

確かに横幅に5人いればスペースは狭くなります。それでも、相手とズレたところから走る、相手とズレたところから走る、を連動し繰り返す。

話がぐるぐる回っているように感じるかもしれませんが、レベルの高いサッカーとはこういうことです。**相手が原則にのっとって、またはそれを意図的に外してくる。それを見ながら、こちらも対応、凌駕をしようとする。**つねに、うまくいかなかったときの一手を「相手を見ながら」取るということです。

日本代表やJリーグにとどまらず、こうした原則を無視してしまうことで、攻撃が停滞するチームは多く見られます。よくあるのがトップの選手の最初の立ち位置です。ボールをもらうとき、自分のマーカー（相手のセンターバック）の直線上でうろうろしている選手が多くいます。ボールをつけたい後ろの味方選手からすると、相手のマーカーにずっとにらまれた状態ですから、パスを非常に出しづらい状況です。

けれどこのとき、マーカーから少しズレてくれていれば、出し手はそのマーカーの背後にも出せるし、（相手が）背後をケアしようとすれば縦方向にパスを出せます。

これができるトップの選手は「駆け引きができる」と評されます。実はこの駆け引きのポイントはいまお伝えした**「最初の立ち位置」に尽きる**と思います。

日本代表の中心として長く君臨する大迫（勇也）選手をぜひよく見てください。彼はよくセンターバックとボランチの間あたりでふらふらしています。ただ、決して相手の守備とボール保持者の直線上にはいないはずです。必ず、斜めに——理想的なのは相手の背中側から45度くらいズレた——ところにスタートポジションを取るのです。

もちろん大迫選手はもらいにいくタイミングも絶妙です。そのあとのキープ力やパス、味方を使ったプレーは一級品でしょう。ただ、その前に**スタートのポジションでマーカーより優位に立っている**ことを見逃してはいけません。これができるからすっと中盤まで下りてきてもマーカーよりいい姿勢、いいところで受けられる、裏を取れるなど「駆け引きがうまい」選手と言われるわけです。

サッカーは基本的にひとりの選手がひとりを見ているわけですから、自分のマーカーに対してどこにいるべきかはもっと日本サッカーで突き詰めていくべきだと思います。

さて、話がだいぶ逸れてしまいました。もう一度言語化の話です。わざわざ「5レーン」を持ち出さなくても相手とズレる、という原則がわかっていれば、それは定義しすぎないほうが日本サッカーには合っているのではないか。

大事なことは**「必要な言葉」を見極める**ことではないか。

必要でないものを増やしてしまえば、サッカーを難しくするだけです。まずは必要な言葉を定義していくこと。その鍵こそ「日本が勝つ確率を上げるための原則とは何か」を出発点にした「サッカーの原則」にあると思っています。
「現場にいかに落とし込むか」というテーマについて「言語化の弊害」を、これだけ紙幅を割かなければいけない理由は、**多くのサッカー人が安易に言葉を選びすぎている**ことにあります。

なんとなく聞いたことのある言葉、聞き馴染みのある言葉を疑いもなく選んで使ってしまう解説や指導はいただけません。ピッチレベルにおけるリアルな部分をきちんと伝えるために、一度自分で咀嚼《そしゃく》して反芻《はんすう》して考えて発言してほしいと思います。

特に「いい〇〇」はマジックワードです。
「いいサッカー」「いいシュート」「いい距離感」「いい崩し」「いいパス」「いいポジション」etc.『PITCH LEVEL』で書いた「ラインの深さ」や「流れ」の話、「飛ばしすぎでバテた」という言葉もそうです。一度疑ってみる必要があると思います。

では何を言語化すべきか。

例えば「日本代表のサッカー」や「鹿島のサッカー」といったものに対しては、あまり難しく考える必要はありません。
「言語化したほうがいいものもあれば、しないほうがいいものもある」というだけで、言語化していないこと、していることが問題であるとは思いません。

ただし、指導者が選手に「勝つためのサッカー」を伝えたいのであれば、それは**「言語化されすぎた言葉」を使う際には注意が必要**です。定義する必要のないものがあります。定義をするならば、**「原則を定義する」**。そして**「相手を含んで言語化をする」**。これを守れば変な定義、誤解を生む言語化にはならないと思っています。

言葉には思っている以上に力があります。

サッカーを文化にするためにはサッカーが強くなるだけでは不十分です。サッカーの本当の魅力を伝えていかないといけません。そのためにはやはり言葉は重要です。まずはわたし自身、言葉に対する責任が生み出す大きさを認識してサッカーを伝えていきます。「サッカーが文化になる」という言葉も、サッカー人はもっと真剣に考えるべきです。

第2部

PART.2

第6章

CHAPTER.6

コンセプトワード
～躍動するサッカーの論理的な作り方～

6-1

それで、結局どうする？

サッカーには正解がない。真理だと思います。

14年にわたる現役生活を終えてからのわたしは、解説や執筆業をとおしてサッカーと触れ合いながら、とにかく情報収集を続けました。現場、書籍、SNS、人との出会い……。正解がないサッカーを探求するため、自分なりの指導スタイルを見つけるため、サッカーそのものはもちろんのこと、サッカー界以外の考え方、知識で役立ちそうなものを貪欲に吸収してきたつもりです。

特に、サッカー以外の書籍はとても刺激的でした。先にも紹介した野中郁次郎さんの本はほとんど読みバイブルとなっています。他にも入山章栄さんの『世界標準の経営理論』は衝撃を受けましたし、出口治明さんの『哲学と宗教全史』（ダイヤモンド社）、『13歳からのアート思考』（末永幸歩／ダイヤモンド社）も興味深かった。

活字以外の刺激もたくさんあります。この本のベースとなった「PITCH LEVELラボ」もそのひとつですし、思いがけず（第2章にも書きました）文化学園大学杉並中学・高校のコーチにも就任し、表現は悪いですが「サッカー初心者」に近い子たちと現場に立つ機会も得ました。本当に貴重な体験もさせてもらっています。

さまざまな情報や考え方に接している中で感じたことがありました。


「それで、結局どうする？」


ということです。

正解のないサッカーを、どうやってピッチで再現をしていくのか。集めてきたさまざまな知見、アイデア、方法論、戦術を結局、どうするのか……？

何かを選択し、どれかを捨て、その中でアレンジしていく。ここからは結局、自分次第になります。

選択肢を多く持つためにこれからも学び続ける必要はありますが、それより何より、わたしは**「自分の中で考えてみる。そして、やってみる」フェーズ**になった——上武大学はそう感じ始めてきたときに舞い込んだオファーでした。

迎えた2021年、今年の春からは上武大学サッカー部のトップチームの監督として本格的に現場に立っています。毎日、群馬まで往復200キロを走り続ける日々。正直、きつさはありますが、そんなものをはるかに上回る楽しさ、発見の多さに、「やっぱり現場はいいいな」と感じています。

そして、わたしは「結局、どうしているのか」。

本書のテーマでいえば、**「コンセプトワード」**を作ろうと決めました。これは選手たちに提示するもので、もともとは、文杉の子たちへ指導する際に考えたものです。何度もアップデート・微調整をし、そのたびに資料化して選手たちに配りました。

わたしはいま、「プレーモデル」を提示してチームを作るつもりがありません。

プレーモデルは、本来はサッカーの原則がベースであるべきですが（これはここまで指摘したとおりです）、日本では「プレーモデル」＝「チーム戦術」のように言われることが多くあります。そして、これも再三指摘しているとおり、その言語化によって絵が具体化してしまい、選手の判断が「縛られてしまう」弊害を感じていました。なので、わざわざそれを言葉にしようとは思えないのです。もちろん、現時点では、という留保付きではありますが。

しかし、選手たちに何も提示しないわけにはいきません。そこで、「コンセプトワード」です。人間がプレーする限り、あるいはサッカーの構造上、**「こうなったらこうなるしかない」というコツみたいなもの**とも言えます。

そう、つまりは、すべて本書に記してきた**サッカーの原則とつながるもの**ばかりなのです。

「コンセプトワード」はそれを集合させると「プレーモデル」のようなものができ上がります。勘違いしないでいただきたいのは、この意図です。「プレーモデル」は言わないけれど、コンセプトワードの実践によってわたしの目指すサッカーに仕向ける「ために作っている」わけではありません。

サッカーにおいていつだって重要なことは、**どんなサッカーをするかを選手たちが考え、見つけ、作っていくことです。**

もちろん、指導者として「こんなサッカーがしたい」という思いはあります。グアルディオラが作る攻撃的なサッカーはいつだって驚きに満ちています。わたしも大ファンです。ただ、ピッチレベルを経験したものとして、選手の能力もさまざまで、同じシーンが二度と現れないサッカーにおいて、例えばわたしがやりたいサッカーをやることは、選手たちのためにならないと感じています。

事実、強いチームはいつだってピッチ上の選手が、考え、見つけ、作り上げています。そこに指導者の意図や、指示があっても実行するのは選手たち。**指示を守るのも、破るのも全部、選手たちが判断しているのです。**

であれば、**指導者はいつだって考え、見つけ、作り上げるためのヒント、選択肢を提案**

すべきなのではないでしょうか。

それを実践するためにあるのが「コンセプトワード」なのです。

例えば「ロック」。この言葉、先に紹介しているのですがご記憶にあるでしょうか。ブロックの守備から押し返すフェーズへ移行する「相手の状況」を示したものです（4－5）。このようにその一言で、選手たちが同じ絵をピッチ上に描くことができる簡潔な言葉、それが「コンセプトワード」です。

6－2 判断は選手の特権である

具体的にはチームによってその提示の仕方が違います。

例えば、文杉。彼らの多くはプロにはならないと思います。なにせ、入学したタイミングではサッカー部すらあるかないかわからなかったわけですから。そこに偶然、わたしがやってきただけです。

ですから、プロだけではない彼らのサッカーと未来を想像しながらコンセプトワードを提示しました。最初に配ったものはこうです。

❶トライアングル↓ダイアモンド

・「起点」、「両サイド（右、左）」、「頂点」

・斜めの関係「角度」

・正面からアプローチを受けない「ズレる」

❷スモールフィールド（攻守）

全員が「関わる！」

・攻撃～ボールホルダーにプレッシャーあり↓「寄る」／なし↓「離れる」

～後ろ向きの選手には必ずサポート＝「かぶせる」（両サイド、起点）

～「動いた」相手の背中

テニスコートでしか練習できず、試合をする人数を集めることにすら苦労する。そんなスタートから1年。少しずつできることも増えてきた彼らに、次に配布したものはこうです。

（ボール保持時）

(1)「トライアングル↓ダイアモンド」

・「起点」、「両サイド」、「頂点」

・「深さ」と「幅」＝ 斜め、角度
・「ズレる」（相手から）
・「かぶせる」（起点→頂点のときの両サイドのサポート）

(2)「寄る」、「離れる」、「止まる」
・プレッシャーあり→寄る
なし→離れる（相手のラインを越える）

(3)パストゥー（2、to）、「置く」
＊出し手にも受け手にもプレッシャー時

(4)「動いた！」
＊動いた相手の背中を取る→「ドミノ」

(5)「セナラン」「セナ取り」→ラインブレイク（相手の逆）

(6)（ピン留め）斜め下り

(7)「逆ポケット」「逆ブレイク」

(8)「半テンポ」早いクロス（相手の嫌がるところに先送り）

(9)バック1（バックパスダイレクトで裏）

具体的な意味をすべて説明すると紙幅がいくらあっても足りませんし、この言葉自体が大事なわけではないので、ここではひとつだけ（それでも知りたいという方は「PITCH LEVEL」ラボver．2をのぞきに来て下さい）。「トライアングル↓ダイアモンド」は、わたしの指導で欠かせない攻撃の考え方（立ち位置）です。具体的には、ビルドアップに入ったとき、ボールを持った選手に一番近い選手は、ボールとのライン上で寄らずに少しずつズレながらバックステップでできるだけ角度をつけて広がってください、というものです。

これをすることによって自然に近くでトライアングルができ、相手が見えます。相手が見えたら、相手を騙すこと。相手を見て判断すること。そのうえで、動いた相手の背中に他の選手が立ち位置をとっていく。すると、トライアングルからダイアモンドが形成されます。

相手が来ていないんだったら運んでラインを越えて突破する、来るんだったら寄っていき相手を引きつけて展開していく。この「トライアングル↓ダイアモンド」を繰り返していけば打開できないはずはない、というのがわたしの攻撃におけるベースのコンセプトです（本来はここに、「パストゥー」、「かぶせ」といったキーワードも加わってきます）。

「サッカーの原則」と「言語化しすぎない」こと、それがリンクしていることが伝わるでしょうか。

さて、先ほど書いた(5)まではチームの中ですでに定着してきているもの。(6)以下は新しく加えていきたいと思って示したものです。

ボール保持時、ボール非保持時、そして攻撃から守備、守備から攻撃の切り替え時。それぞれにわたしが重要だと考えるポイント、コツみたいなものだけを言葉にして伝え、それを練習の中に随所に散りばめていく。

そして選手たちのプレーや反応を見ながら、少しずつ言葉を追加していく。

これがわたしの文杉でのやり方でした。そうすれば自然に選手たちは同じ絵を描いてサッカーをすることになる。実際、文杉ではそれを強く実感しました。

現在の上武大学では、カテゴリーもレベルも上がりますから、さらに言葉を加え、最初から多めに提示だけはしておき、それらをひとつずつトレーニングで落とし込んでいます。

念頭に置いているのは、選手たちが**「判断する特権」を奪われずにプレーしつつも、選手たちは（チームとして）同じ絵を描けている**こと。

それゆえ、再現性が高く、そして選手が考え、かつ、躍動している。――そんなチームが作れるさじ加減を、わたしも経験として知っていきたいと思っています。

さて、コンセプトワードのメリットについてもう少しだけ。

2020年5月、新型コロナウイルス感染拡大による緊急事態宣言の発出で文杉もグラウンドで集まっての活動が停止されました。頑張ってきた3年生にとっては、とても苦しい時間だったと思います。

そんな中で何かできないだろうか、と考えてコンセプトワードとして伝えてきた「サッカーのコツ」を映像で見せることを始めました。「トライアングル↓ダイアモンド」や「セナラン・セナ取り」をトッププレイヤーたちはどう表現しているのか。映像を探し集め、部員たちに解説をしました。

選手たちにとっては、1年間徹底してやってきたことが目の前で再現されているわけですから、イメージもしやすかったのではないかと思います。

コンセプトワードはこのように彼らがプレーするためだけのものではないから効果的です。むしろ、プロになるわけではない彼らからすれば、サッカーを見るための枠組みになると思っています。サッカーを見て「おもしれ～！」「すげ～！」と**現象を見ることで終わらず、「なぜそうなったのか」という原則を知る**ことにつながっていけば、これからサッカーを観るときの新たな視点になるはずだからです。

ちなみに、この指導法を進めていく中で大事だと思っていることがもうひとつあります。それは、スローガンを抽象的かつ漠然と決めておくことです。文杉、上武大学ともに**「プロアクティブ・フットボール」**と表現しているのですが、この言葉だけを聞いて、具体的なサッカーはイメージできないと思います。プロアクティブとは「前向き」「積極的」「主体的」「先見的」という意味の言葉です。

なんとなく、「前向きであれ、積極的であれ、主体的であれ、先見的であれ」みたいなイメージが伝わるでしょうか？

選手たちにはそれで十分だと思っています。具体的にコンセプトワードを体現してできる「わたしの想像するサッカー」を伝える必要はない、ということです。

結局、**判断の余白、思考の余白、個性の余白を選手たちに残してあげること**が、選手たちの成長につながる。そして同時に、どんなチームにも勝てる強いチームになる。

これがわたしが考え抜いて見出した、現時点での「結局、どうする？」への答えでした。

堅苦しい話が続きました。

ちょっとだけ余談です。（決して選手たちに提示することのない）わたしが想像する、同じ絵を描がいたときのサッカーとは……、「N‐BOX」のジュビロ磐田とオシムさんのジェフ千葉を融合したようなものになるのかもしれません。

タレントや勝ち負けを抜いて、わたしがこれまでのJリーグでもっとも興味をそそられたのが、その2チームだったのですが、現在ある「コンセプトワード」をもとに選手たちがプレーしたら「こういう絵になるんじゃないか」という形と、この2つのチームの形が重なって見えることがあります。

具体的には、「中央での優位性」と「湧き出ていくようなサッカー」です。それがあのふたつのチームのように、早いテンポで再現性高く、となったら理想的だな……そんな夢想をしています。

とはいえ、わたしはこの理想にはこだわっていません。漠然とした絵は、実際にピッチで表現されるのか。はたまたまるで違うサッカーになっていくのか。

自分でもわかりませんし、それはそれでいいと思っています。

6-3 内田篤人の頭の回し方

論点を実際の選手たちの「頭の回し方」とコンセプトワードの関係に移しましょう。

トップ選手であればあるほど、ピッチ上で「こうなれば、こうなる」という動きを体現しています。それが論理的に整理されている選手もいれば、感覚でできる選手もいます。

多くは、後者でしょう。経験的に「こういうとき、こういう動きをすれば、相手がこうなる。だから俺はこうする」という引き出しを多く持っています。

コンセプトワードとは、それを簡単な言葉にして、チームに浸透させていくときに使うものです。それらを体得している個々の選手にとっては、わざわざ指摘されるまでもないですが、チームとして勝利を目指し、連動していくためには共通認識が必要になる。チームビルディングには欠かせない要素だと思っています。

では、実際にトップ選手たちにこの言葉を当ててみるとどうなるか。内田篤人との対談をご紹介します。

×内田篤人「サイドバックを言語化する」

岩政　この前さ、（一緒にプレーしていた）2007年の、優勝を決めた清水戦の映像を見ていたんだけど、俺あんまり覚えていなかったんだけど篤人は、最近だと「偽サイドバック」みたいな言い方もする位置でボールを受けたり、サイドに張ったりと、結構ポジションを変えながらやっていて。

内田　だんだん（前に）いかなくなったかな。鹿島自体が、僕が無理に攻撃参加しなくても勝てちゃうんで。後ろはしっかり守っていれば勝てるっていうこともあったと思います。

岩政　うんうん。だから最初から高い位置にいるより、後ろから作りながら前に任せて、無理だったら（停滞したら）タイミングを見て上がっていくってことだよね？

内田 そうですね、やっぱり前の選手のスペースも大事なんで、僕がいけばいいっていう問題でもないなって思いました。

岩政 いきたければいく選手もいるでしょ。ずっといく選手とか。

内田 あれは僕の中でサイドバックじゃない（笑）。たぶんそれは、何年か前の（サイドバック）イメージかなっていうのはあります。

岩政 じゃあ、内側で（ボールを）もらうときって、やっぱり景色が変わる？　変わった？

内田 内側でもらうときは景色は変わりますけど……、僕はあんまり内側にいかない。好きじゃないですね。

岩政 というのは？

内田 ボランチがいるからね。真ん中には。

岩政 そこはボランチが来ればいいってことだよね？

内田 はい。それかセンターバックが出て来いって。

岩政 なるほど、1枚下がっちゃうっていうことだもんね。

内田 はい。余分なんですよね、後ろが余分なのはもったいないんで。

岩政 だからいなければ入ってほしいし、いるんだったらセンターバックから出ていったほうがもう1枚攻撃に人数を割ける、ということ。

内田篤人：1988年3月27日生まれ。2006～10年まで鹿島アントラーズに所属。ブンデス1部シャルケ04でCLベスト4。J1・148試合、ブンデス1部104試合出場。元日本代表。

内田　そうですね。真ん中で貰えば一発で左の逆まで飛ばせちゃうんで。

岩政　逆サイドね。

内田　そうですね。

岩政　そのあたりは全体との兼ね合いを見ながら、そこ（にポジションを）取ったりもするけど、基本的には外からウイングの選手とうまくポジションを変えながら出ていくっていう形だよね？

内田　そうです、そうです。基本的には。

岩政　そのビルドアップも途中から（年数を重ねてから）どっちかというとガンガンいくっていうよりも相手を見ながら、外しながら、っていうスタイルになっていった。ボールをもらった瞬間に、彼らがどういう立ち位置を取ってくれると助かるとかってあるの？

内田　フォワードに動いてもらわないとスタートできないですね。

岩政　持った瞬間に2トップのどっちでもいいけど、動き出しがないと、っていうこと？

内田　特に奥のフォワードですね。そこを一番見ています、僕は。

岩政　いいね！　そういうのをもっと（笑）。

内田　そういうのなんだ（笑）。ボールを持ったとき、基本的には、相手の左のセンターバックと左のサイドバック、左のボランチが全員邪魔なんですよ。あと味方も。だから（味方の選手には）適当でもいいから動き出してほしい。

岩政　何かしらアクションしてくれ、と？
内田　そうです。そしたら一番奥のフォワードと（お互いが）見えるようになるんで動き出してくれるんですよ、勝手にね。
岩政　あー、なるほど。
内田　はい。ボールをもらいに来るか、裏にいくかわからないけど、まずそこに一番出したいですね。
岩政　自分にボールが入ったときに、周りの選手が何かしら動いてくれれば（相手も引っ張られるから）奥のトップの選手も（篤人の）動きが見えるスペースができて、それで連動して崩しにいくってことね？
内田　そうです、そうです。
岩政　だから、味方の選手がポツンと何もせずにこの辺（近く）に立っていたり、ボールを受けに来たりされても、逆に邪魔だってことだよね？
内田　ですね。
岩政　指導現場で、俺はよく**「トライアングル↓ダイアモンド」**っていう言い方で伝えるんだけど。特に日本では（ボールを持っている選手の）近くの選手がさ、ボールが欲しいからって寄って来ちゃって、スペースを消しちゃう現象って結構多い気がするのね。でも、ドイツとかだと近くにいる選手がこうやって（開いたりして）角度を作るからさ、スペースが広がる。（日本は）近くにいる、寄ってくることによって結局、選択肢がなくなる現象が多い気がするんだけど、配球する側として、日本の選手たちと向こうの選手たちとで変わることってある？

内田　まぁ近い……そうですね。日本のほうがもらいに来たがります。僕が持ったときに裏に動き出す選手は本当にいないなって思います、日本人で。1発目に裏っていう（選択肢がある選手が）。

岩政　まず寄ってしまう、ってやつだね？

内田　そう。だからスケールもキュって（小さく）なっちゃうかな。

岩政　こじんまりしちゃう。

内田　例えばフンテラールとかね、あんまり足は速くないんですよ。だから、1発目、絶対に裏にいってくれて、もらえる低い位置のスペースを空けといてくれるんですよ。

岩政　ここ（裏）を1回取るから相手がつられて、そのあとにここ（低い位置）を取ってくるっていうこと？

内田　そうそうそう。

岩政　あー、順番の問題か。確かに、ここに入った（サイドバックがボールを持った）ときに取りあえず低い位置のスペースに受けにいって、それが詰まったら裏へいく、っていう日本人選手は多いかもしれない。日本人って言いすぎるのは良くないかもしれないけど。

内田　やっぱり、まず裏だなっていう。

岩政　うんうん。だから、プレッシャーのかけ具合にもよるけど、まず基本的には広がって相手を下げるというか、動かしたうえで受けに来るっていうことだよね？

内田　押し込んだほうがやっぱりいいなって思いますね。

岩政　プレーもしやすいしね。

内田　はい。ディフェンスをしていても、裏に「クッ」て1歩2歩いかれるほうが面倒くさいですからね。僕がひとり、ふたりかわせるなら別ですけど、キュッって寄せられていたら難しい。自分より体がでかいですから、みんな。対峙するサイドハーフもだけど、やっぱりつかまったらつかまっちゃうんで、プレッシャーとかコンタクトを避けながら味方を使いながらですね。僕の場合は。

岩政　ボールをもらう前が勝負っていう言い方をしていたけど、ここのアプローチのスピード感とか迫力はやっぱり日本とは違うの？

内田　全然違います。「取られる」って思います。顔上げた瞬間、足ごといかれるなっていう感覚です。そういうときは、ダイレ（ダイレクト）ではたいたりしますね。

岩政　はたくときはどこを使う？　横のボランチ？

内田　ボランチとかひとつ前でキープできたんで、……ファルファンっていう便利な選手がいましたから。やっぱり背負える選手はいいなって思います。

岩政　確かにな。当てておいて、時間を作ってくれるから逃げ道ができる。

内田　これからサイドハーフをやりたい若い選手がいると思うんですけど、片手で、これでね（相手の胸元を肘で抑えて）、グッてキープができる選手になってほしい。

岩政　あー、ここ（肘）でね。

内田　はい。小さくて技術のある選手は多いけど、やっぱりドシッて構えて片手でここら辺こうやってつかみながらキープできる選手が出てきてほしいな。鹿島で言うと遠藤（康）とか、うまいけど。まぁ僕にはできないんですけどね。

岩政　それは期待してない（笑）。でも確かにプレスにガーッと来られたとき、一個（の選択肢として）収められるよっていうのがあるだけで相手のプレスも気持ちが萎えるし、次の展開が難しくなる。

内田　フロンターレとやってるとき、僕らがプレスをかけていても、家長（昭博）さんのところで時間が1、2秒止まっちゃうんだよね。

岩政　確かに。

内田　観ている人からすると、「もっと（激しく）いけよ」って思うかもしれないけど、いけないいんだよね、アレ。

×内田篤人「サイドバックを言語化する」

ル動画は
ちらから
➡

この対談でわたしは「トライアングル↓ダイアモンド」という言葉を出させてもらいました。もちろん、篤人はそんな言葉は知りません、わたしが勝手に作ったわけですから（笑）。篤人は、ボールを持ったときに、不用意に、また不要に味方選手が近づいてこないでほしい。それによって、攻撃の連続性が失われてしまう。「キュッとしちゃう」と言っています。

それはまさに「トライアングル↓ダイアモンド」が実践される条件です。篤人にとっては経験的に知り、整理されているプレーであり、篤人のようなトップの選手は、言葉がなくてもできてしまう。

ただしチームのことを考えると、それを**全体で共有できるかどうかがポイント**です。わかる人だけがわかっていても、それを逐一周りの選手に伝え、ここは開け、動き出せとやっていては時間もかかるし、それだけで終わってしまう。だから、指導者の伝え方が大切になるのです。「コンセプトワード」は、そのときに有効な手段のひとつです。

すでにサッカー選手を辞めた篤人ですが、ぜひ今後もサッカーを学び、こうした知見を還元してほしいな、と思います。もちろん、本人が望めば、ですがね。このときの話もすごかったです。「裏を取られるのはディフェンダーのせいか？」、彼がドイツで学んだ答えは、我々の考えとはまったく違うものでした。

堅い話ばかりなので、ここでも少し寄り道を。まとめに向かいたい方はスキップしてください。篤人についてです。

篤人はアントラーズでの弟的存在でした。

しかし、わたしが知らないところで、篤人はもっと大きな経験を積んできました。シャルケでのウッシー、日本代表でのウッチー。それらのほとんどをわたしは知りません。だから、あまりわたしは大きな顔をして篤人のお兄さん風に振る舞いたくはありません。あくまで「鹿島時代の弟」であるのだと思っています。

アントラーズを巣立った後で篤人は計り知れない経験をし、そこに栄光も苦悩も存在する中で、乗り越えた先にあった引退です。不思議なことに、わたしは篤人が苦しい経験――例えば南アフリカワールドカップやウニオン・ベルリンでの怪我など――をするときにそばにいた縁を確かに感じるのですが、それも篤人のサッカー人生の中ではほんの一部なのだと思います。

数年前に篤人の取材でドイツに行ったときに驚いたのです。なんというか、こんなところで裸一貫で長年戦ってきたのか。そして、自分の居場所を確立し続けてきたなんて。それをドイツの空気感で肌身に感じることができました。

篤人はいまでもわたしを大事な先輩のひとりとして扱ってくれます。それは本当にありがたいことだなと思っています。篤人のおかげで多くの方に知っていただきました。選手としての自分はどこかで過大評価されているな、と感じるときがあるのですが、それは篤人をはじめとする後輩たちのおかげなんですよね。彼らが口々に、あるいは篤人の場合は彼の本などで、ひとつのテーマとして名前を挙げてくれましたからね。そのことにわたしは感謝しかありません。

篤人がアントラーズに入りたての頃にはいろいろなことを一緒にした時期があります。その後、照れ臭い関係、いや、わたしたちのサッカー選手としての立ち位置が逆転する中で接し方に困った時期があります。そして、大人になったあいつといまでは対等に話す友人になりました。

きっと、今後も縁があるのではないか、と思っています。すでに彼の番組『フットボールタイム』には何度も出させていただきましたし、上武大学に指導も来てもらいました。将来には、何か大きな目的に対し、共に取り組む時間もある……のかもしれません。それは神のみぞ知る、ですが。

6-4

コンセプトワードを組み合わせる

さて、「コンセプトワード」は、これまで自分がプレーをしながら感じてきたこと、振り返ってわかること、または本書でご紹介してきた選手たちとの対談や、現場での学びなどなど、それはもういろいろなところでいろいろな人の話を聞き、また映像を見て、本などを読み、作り上げてきたものです。

もちろん、ひとつの「コンセプトワード」がそれ自体で完結するわけではなく、複数のそれが組み合わさって躍動するチームになっていきます。

柴崎岳と「PITCH LEVELラボ」で話したとき、そのひとつの組み合わせがクリアになりました。せっかくなのでこの対談も一部をご紹介しましょう。ゲームメイカーの目にはピッチはどのように見えているのか、そこにおける判断基準や頭の回し方を聞いたときのことです。

×柴崎岳「ゲームメイカーを言語化する」

岩政　すごいゴールのときの瞬間ってどんな感じなの。バルサ戦のボレーとかクラブワールドカップのときのレアル・マドリー戦のゴールとか。ああいうときって感覚としては「無」？

柴崎　考えてないときにやっぱり入りますよね。逆にその瞬間に何かを考えると入らない。いろんなゴールがありますけど、「こういう弾道で蹴る」というよりは、何も考えず振り抜くっていうときのほうが多かった気がしますね。

岩政　足でもそうなんだ、俺は頭でしか取ってないけど（笑）、あれ、なんだろうね。頭を巡らせていると入らないんだよね。じゃあ、その瞬間に考えないようにプレーしなきゃいけないいってなるわけだけど、岳は練習や試合で（そのために）意識することってある？アプローチというか。

柴崎　逆に練習ではいろんなことをめちゃくちゃ意識しないとダメだと思いますね。僕の中で試合は自分を解放する場所なので、いままでやってきた練習の癖なんかも含めて、それが出る場所だと思っています。だから試合より練習のほうが「こうしたらこうしよう」みたいな意識は強いです。そういうのを考えておくだけで、試合に入ったときにそれが自然と出るような気がしています。

柴崎岳：1992年5月28日生まれ。リーガ2部レガネス所属。2011～16年まで鹿島アントラーズに所属。リーガ1部ヘタフェなどでプレー。J1・174試合17得点。元日本代表。

岩政　そっか。先に考えているから、試合のときは自然だけど、（練習などの）ちょっと前のことが自分の潜在意識の中に入っているんだよね。

柴崎　そうですね。だからそういう（プレーが出た）ときは、やっぱりああいうことをしていたからだなとか、そういう意識でトレーニングしていたからだな、って思いますね。

岩政　うんうん、じゃあ自分の中で、試合で具体的に再現したいプレーは何かある？

柴崎　再現したいプレーか……。

岩政　イメージとかでいいよ。「こうやってこう」みたいなものはあんまり決まってない？　つまり、漠然とその絵を描いているのか、それとも「こうなったらこう」って具体的に描いているのか。

柴崎　ある程度、自分の「型」というか「この状況だったらこうなるだろうな」っていうビジョンはありますよね。ただ、それと現実的な動きはズレが生じるじゃないですか。相手が狙っているところも違えば、誰が僕に（マークに）来るのかも違う。だから型を持ってそれができればいいですけど、そうならなかったときは、必ずできている**違うところのズレを狙う**とか……。

岩政　でもさ、さっきのゴールの話のときもそうだけど、プレーの最後の瞬間って無心のときのほうが精度が高かったりするじゃない。それと同時進行で試合が始まってボールを持っていないときには、相手がどういうプレスをかけてくるだろう、とか思考を巡らせるわけじゃない。それって、状況が最後のときに考えなくなる感じ？

柴崎　そうですね、自分がボールを持っていないときは相手がどうくるかとか、どういう位置取りをしているのか、っていう情報は集めておいて。

岩政　（本山さんと鼎談で話していた）野沢みたいな。

柴崎　あ、僕は結構、タクさん（野沢）とはポジションが違うだけで、考え方は近いのかな、って動画を見て思いました。集めた情報に対して最適解をその場で出していくような感じです。正解のときもあれば、もっとこうしたほうがいいよってこともあるんですけど、（こういうプレーや判断をしようと）決め打ちをしていることはないですね。あくまで相手がこうきたら身体がこう反応するっていうのが、肌感覚的にあるだけなんで。

岩政　なるほど。

柴崎　はい、だから絶対そのプレーをしたい、必ずしたいとかは思っていません。**する努力はするけど、できなくても違うプレーをする。**

岩政　うーん……（唸る）。それってボールを持ったとき、「いま○個選択肢があるな。その中からこれを選ぼう」っていうものでもないわけでしょ？　ボールを持ってなんとなくパーンと（ピッチが）見たとき、「あ、ここだ」っていうのが見えてプレーをしている感じでしょ？

柴崎　そうですね。「選択肢を多く持て」というのは、いまの自分の感覚的には違います。

なんか……、**選択肢はつねにひとつなんだろうけど、そのひとつがどんどん変わっていくだけ**のような気がするんですよ。状況に応じて。でも、あえて言うんだったら「遠いところと近いところ」に選択肢を作っておくことは（あるかもしれません）。例えば、サイドチェンジもあるけど、近くの選択肢もある。そのふたつのオプションはあるんだけど、瞬間で近くのところで複数の選択肢を持っているっていうわけではなくて、つねに変わってく状況の中で、いまはこれかな、でも0・5秒経つと違う状況になっていてこれは無理だな、じゃあこっちだな、っていうのがどんどん判断が切り替わっていくという状態ですかね。

岩政　ああ……、これはいい。なんとなくわかる。なるほど……。確かに（選択肢を）遠くか近くのどっちかしか持てていないときってだいたい判断が悪くなるよね。

柴崎　そうですね。遠くに意識があるときは、自分の周りの相手の反応に対して鈍くなるときが結構あるんで、それはすごく気をつけていて。一方で、近くだけでも遠くのところの視野が持てなくなる。

岩政　確かに。両方（の選択肢を）持ちましょうっていう指導の考え方はいいな。センターバックも近くばっかり探しちゃって、あっち（遠くが）見えてなくてってこともあれば、逆もあるし。確かにな……なるほど……。いや、よくわかった。

柴崎　はははは。

岩政　これ難しい、宿題にさせて。ちょっといろいろ考えよう。確かに一個が見えて、これが消されたからまたこっちの一個が見える、その感じだな。
柴崎　その連続ですよね、感覚は。

×柴崎岳「ゲームメイカーを言語化する」

岳の話は非常に腑に落ちることが多かったのですが、特にこの指摘はすごく大きなヒントになりました。先に紹介したモトさん（本山雅志）やタク（野沢拓也）とは違ったタイプの天才である岳。そのストロングポイントはゲームメイクができるところです。

センターバックというポジション柄、そして一部はわたしの見た目からそうは思わない方も多いかもしれませんが、わたし自身、ゲームメイカーのような感覚でピッチに立っているタイプでした。相手の立ち位置や言動をつぶさに観察し、味方に対して指示を送る。立ち位置やアクションでゲームをコントロールしたい、そうしなければわたしの良さは発揮できない。そう考えていたのです。

岳はそこに、相手を一蹴することができる類まれな才能――例えば、シュート技術やスルーパスなどを備え持つ選手です。そんな岳は、**相手と状況に応じながら選択肢をどんどん変えていく、判断の連続をしている**。なるほど、と思ったのです。

特に、「近くと遠くに選択肢を持つ」ことは、強いチームを作るうえで必須条件、つま

フル動画は
こちらから
➡

り「原則」のひとつに成りうるものだと思います。当たり前のことですが、「近くと遠くの選択肢」を持ち、そこから相手を見て判断を連続できれば、つねに相手の狙いの逆を突けるわけですから、それは強い。万能の強さです。これは第3章にも書いたとおりです。思い返してみれば、確かにわたしも意識的に「近くと遠く」をどちらも探そうとしていました。

極論ですが攻撃戦術とは、選手たちが、ピッチ上のあらゆる場所、状況の中で「相手のプレスより早く、正確に、見て、選べるようにすること」がすべてとも言えます。そんなことを岳の視点から学んでいくと、コンセプトワードを組み合わせることでこのイメージは表現できるかもしれない、と思い至りました。

―

ビルドアップでは「トライアングル→ダイアモンド」で近くの選択肢を用意しながら、**「逆ポケット」**（相手のボランチの脇）に遠くの選択肢を持つ。その先では、相手が出てくれれば**「ドミノ」**で崩す。出てこなければ**「セナラン・セナ取り」**で相手を動かしにいく。それでも下がられたら、**「射し込みクロス」**と**「逆ブレイク」**。

―

うん、これはいいと思います。指導者の方にはお勧めです。いつか「コンセプトワード」についてもまとめてみましょう。

ここでのポイントは、トップレベルの選手たちは意識ないし無意識で「相手を見ながら」ゴールの（またはゴールをされない）ための判断を瞬時に繰り返し、アクションしている、ということです。そして、その個々のアクションをシンプルにまとめたのが「コンセプトワード」です。

指導やチームを作るうえで、全体的な方向性をまとめて伝えるより、個別の具体的なアクションについて教えてあげることで、選手たちはつねにピッチにおける判断を自分のものにできます。それが組み合わさっていくとどうでしょう。

決して指導者が、例えば「自分たちのサッカー」みたいなものを提示するまでもなく、いや、それ以上に自由に躍動したサッカーを選手たちが見せてくれるのではないでしょうか。

6-5 サッカーにおける「言葉」と「監督」

Jリーグを見ていても、戦術的に明確な絵を持ち合わせているチームは「一日の長」があることを強く感じます。ロティーナ監督や（マッシモ）フィッカデンティ監督（名古屋グランパス）はまさにそのタイプです。果たして彼らは、どのくらい言葉によってその絵を提示しているのか。

外から見ていると、いいサッカーをする監督（つまり明確な絵を再現できるチームを率いている監督）は、手のひらで選手たちを転がして指揮を執っているように見えますが、決してそうではないでしょう。

本書でロティーナ監督のセレッソ時代の話に触れましたが、いくつかのキーワードを持って、全体の絵を再現しているのだろうと思います。

こうした点においては、総合的に見て外国人監督のほうが優れているなと思います。言葉の壁があってそれを明確にしないのか、意図的にそうしているのか、それは「チームメイト」になって戦ってみなければわかりませんが、Jリーグを見渡しても、強いチームの外国人監督には哲学のようなものを感じます。そして、その哲学には、必ず「サッカーの原則」が含まれている。

翻って日本人監督はどうでしょう。

多くは、戦術的というよりも強固な守備のベースと献身性を植え付けながらチーム作りを進めている印象があります。次のステップへ進むためには、外国人監督が持っているもの——もしかすると、外国のサッカーを知っているというだけで、彼らにはアドバンテージまたはディスアドバンテージがあるのかもしれませんが——を見極める必要があります。

そして大事なことは、それらを、「明確な絵」だと思い込んで、言葉や映像を尽くして戦術的に説明することではない、という点です。よく言われる「再現性」は、「明確な絵」をわかるまで教え続ける、ということではないと思うのです。

結局、強いチーム、勝つチームというのは選手たちが自立しています。対話をし、自分たちで考えてピッチの中で答えを見つけていくわけです。それをどう植え付けるかという観点で「次のステップ」へのチーム作りを考えていかないと、「明確な絵」を求めようとするあまり、出発点に戻ってしまう。

何度も言いますが、言葉は強い力を持ちます。

指導者はリーダーとも言われ、強い影響力を持ちます。

そして日本人の良さでもある、「言われたことをしっかりやる」という気質。

総合して考えると、言葉が選手たちを縛ってしまう――日本サッカーにおいてはつねにその危険性がある。

サッカーというボールが止まらない、正解のない、判断の連続のスポーツにおいて、これは弱点になりえます。そろそろ、日本サッカーはそれに気づくべきでしょう。

では、どうするか。

強い言葉は使わない？
指導者はあまり言い過ぎないようにする？
言われたことばっかりやるな！　日本人らしさだけでは勝てないぞ、と伝える？

わたしは、それでは根本的なベースアップにはならないと思います。それで理解できる選手、チームもあるでしょうがごく一部でしょう。または、それ自体を方法論として捉えてしまって、違う選手と、違う環境でサッカーをしたときに使えない代物となってしまうでしょう。

答えは、**選手に判断を委ねること**だと思います。

ピッチレベルにおける自主性を最大限、許容していく。判断を教えない、または指示しない。

指導者が伝えるべきは、判断をするときに必要な「判断基準」です。そのために、サッカーにおける原則を学び、バージョンアップしていかなければなりません。いつだって、ここに立ち戻りながら、ピッチに、選手に目を向けるのです。

そして、判断基準を示すときに言語化しすぎない。「こう言われていたから、こういうプレーをしなければいけない」というマインドにならないよう、提示の仕方を工夫し、オリジナリティを出すことです。

おわりに

Jリーガーを辞めて4年半、プロサッカー選手を辞めて2年半が過ぎました（ここでいう「プロサッカー選手」とは、サッカーをすることで契約をしてもらうということ）。プロサッカー選手を続けながら指導者や解説者の仕事をする2年間を過ごしたのには意味がありました。選手の感覚を忘れないうちに、指導や解説でサッカーを言葉にする。それが、引退後の自分に必要な気がしたのです。

その2年間をとおして感じ、考えてきたことをアウトプットして、共有し、自分の考えをまとめる。次に、そんな場所の必要性を感じていたわたしが始めたのが「PITCH LEVELラボ」でした。

サッカーは移り変わりの早いスポーツです。特に近年のパラダイムシフトともいえる変化には驚かされるばかりです。わたしは、「選手のときの感覚を大事にしなければ」との思いと共に、「決して自分の経験がすべてだと考えてはいけない」という思いを強く持ってきました。

だから、「PITCH LEVELラボ」では、自分の経験を言葉で語り、聞いてくださる方々と語り合いながら、現役の選手・監督たちからは、わたしが見てこなかった景色や考え方を言葉にしてもらってきました。そして、わたしはそれらをまた指導の現場で生かしながら、サッカーを確かめてきたのです。

まだ数年に過ぎない作業です。指導者、解説者として何かを語るには短すぎる時間です。ですから、本書は「これがサッカーだ」と、わたしの行き着いた答えを紹介するものではありません。いや、そもそもサッカーというものに「行き着く答え」などないのだと思います。

だからこそ、わたしはいまのいままでサッカーに魅せられてきたのでしょう。

いまもまだ「サッカーを探究すること」に対する興味は尽きません。わたしがこんなに飽きがこないものは、「ロベルト・バッジョ」と「CHAGE&ASKA」と「娘と遊ぶこと」くらいしかありません。こうなったらもう、これらはおそらく死ぬまで続くライフサイクルなのでしょうね。

わたしは幸い（いまとなっては心の底から言える）サッカーをプレーする才能に恵まれませんでした。下手くそで鈍臭くて、取り柄にできるのは頭だけ。だから、ヘディングを武器になるまで磨き、頭を使ってチームを勝たせられるようになりたいとサッカーを考え続けてきました。

ある意味で、それはいまも変わりません。サッカーはいかにしたら勝てるのか。いまは立場が変わって指導者になりましたが、その永遠の命題に選手たちと挑み続けています。選手たちを男にしたい。チームを勝たせられる選手にしたい。努力の先に夢を成し遂げる経験をさせてあげたい。そんなチームをどうしたら作ってあげられるのか。日々考え続けています。

それは、わたし同様サッカーに魅せられ、日々現場で選手と向き合われているみなさんも同じでしょう。「プレーするのは選手、試合を勝たせるのは選手」ですが、そんな選手にどう向き合ってあげたら、彼らが躍動していくのか。その答えの探究は今日も、そしていつまでも続いていきます。

もう答えなんかないことはわかっているのです。答えと呼べるものに辿り着くことはない。だって、日々進化していくサッカーにおいて、ある地点を「答え」と呼んだときにすでに、わたしは置いていかれてしまっているわけですから。

わたしには夢がありません。小さいときから、サッカー選手になろうなんて考えもしなかった（考えることもできないほど下手だった）わたしです。いまも、夢を語るのはどうも嘘くさくなってしまって、苦手です。

ただ、未来のことで漠然と考えていることがひとつだけあります。それは、死ぬときに

「自分が生きた人生のおかげで少しだけサッカー界の未来が良くなった」と実感したい、ということ。誰かにそれを言ってほしいわけではないんです。ただの自己満足でいい。そう思える人生にしたいと思っています。

40歳手前になりました。人生の折り返し地点に、本書を出すことができたことに感謝します。死の間際にこれを手にとって読みたいです。

そして、「サッカーはそんなもんじゃないんだよ。まだまだわかってないな」と言えるようになっていたいです。

岩政大樹

DAIKI IWAMASA

1982年1月30日生まれ。山口県大島郡周防大島町出身。山口県立岩国高校卒業後、2000年に東京学芸大学教育学部（B類数学専攻）に入学、同大学蹴球部に所属。1年生で関東大学リーグ1部・新人王に輝き、3年時にはU-22日本代表に選出される。04年、大学卒業後に鹿島アントラーズに入団、同シーズン後半からレギュラーに定着。リーグ優勝3回、ナビスコカップ（現・ルヴァンカップ）優勝2回、天皇杯優勝2回に貢献し、自身もJリーグベストイレブンに3度輝く。08年に日本代表に初招集され、10年南アフリカワールドカップにも選出。11年アジアカップ制覇にも大きく貢献。2014年、10年間在籍した鹿島を退団し、タイ・プレミアリーグのEECテロ・サーサナへ完全移籍し、リーグカップ優勝に貢献。2015年、ファジアーノ岡山に移籍し、移籍初年度よりキャプテンを務める。2017年、関東1部リーグの東京ユナイテッドに選手兼コーチとして加入。また、東京大学ア式蹴球部コーチに就任。2018年、現役引退。2021年、上武大学サッカー部監督に就任。天皇杯、ナビスコカップを含め、J1通算290試合35得点、J2通算82試合10得点。著書にサッカー本大賞2018を受賞した『PITCH LEVEL』（KKベストセラーズ）、『FOOTBALL INTELLIGENCE』（カンゼン）がある。

FootBall PRINCIPLES

躍動《やくどう》するチームは論理的《ろんりてき》に作《つく》られる

著者　岩政《いわまさ》 大樹《だいき》

2021年9月10日　初版第一版発行

構成　シンクロナス編集部
装丁・本文デザイン　mashroom design
校正　株式会社マックプランニング
協力　株式会社三桂
動画編集　木水ひろし
動画撮影　花井智子

発行人　菅原聡
発行　〒105-0021
東京都港区東新橋2丁目4-1
サンマリーノ汐留6F
株式会社JBpress
電話　03-5577-4364

発売　〒150-8482
東京都渋谷区恵比寿4-4-9
えびす大黑ビル
株式会社ワニブックス
電話　03-5449-2711

印刷・製本所　近代美術株式会社
DTP　株式会社三協美術

ISBN978-4-8470-7086-0 C0075